규정과 지배

규정과 지배

DEFINE AND RULE

마흐무드 맘다니 지음 | 최대희 옮김

원주민은 어떻게 만들어지는가

창비

와와(Wawa)를 위하여

서문

이 책은 두가지 원천으로부터 영감을 받아 집필되었다. 2007년 듀보이스(W. E. B. Du Bois)의 『세계와 아프리카』(*The World and Africa*)를 읽고 난 뒤 첫번째 영감을 얻었다.[1] 듀보이스가 단순히 아프리카를 대상으로 서술하는 데 그치지 않고 세계사의 맥락에 위치 짓고 있다는 점을 필자가 깨달았던 것이다. 이는 아프리카의 관점에 입각하여 세계에 대해 서술한다는 것을 의미했다. 두번째 영감은 영국의 간접지배(indirect rule. 한국에서는 통상 간접통치라고 번역되나, 본문에서 govern을 '통치하다' 또는 '다스리다'라고 번역함에 따라 rule을 지배라고 번역한다. 따라서 간접통치 및 직접통치는 모두 간접지배 및 직접지배라고 번역한다 ─ 옮긴이)에 대한 필자의 강연 뒤, 당시 아디스아바바대학 부총장이었던 안드레아스 에

셰테(Andreas Eshete) 교수로부터 받았던 질문을 통해 얻었다. 그의 질문은 영국의 간접지배가 과거 대영제국의 그것과 어떻게 다른가에 관한 것이었다. 필자는 그에 대해 장황하고도 다소 난삽한 답변을 내놓았다. 아마도 바로 그것 때문이었을 것이다. 필자는 이 질문에 대해 심각하게 한번 더 생각해봐야겠다는 분명한 느낌을 갖고 강연장을 떠났다.

이 책의 주된 분석 대상은 간접지배국가다. 필자는 간접지배국가를 식민지 상황에서 전형적으로 나타나는 근대적 지배형식으로 이해한다. 간접지배는 이전 서구제국의 지배양식, 즉 19세기 중반까지의 로마와 영국의 "직접"지배("direct" rule) 그리고 "연합"(association)으로 전환이 이루어진 20세기 초 이전의 프랑스식 "동화"(assimilation)와 두 가지 중요한 사안에서 구별된다. 첫째, 이전 제국들은 식민지 대중보다는 엘리트에 초점을 맞추었다. 둘째, 그들이 식민지 엘리트에 대한 문화적 (때로는) 정치적 동화정책을 통해 차이를 없애려는 것을 목적으로 삼았다면, 간접지배는 차이를 인정하는 것에서 그치지 않고 오히려 차이를 만들어낼 것을 요구했다.

차이(difference)의 관리는 그것이 근대 국가경영에서 핵심 사안인 것과 마찬가지로 근대적 사회연구의 신성한 소(holy cow. 힌두교에서 소는 성스러운 존재다. 이처럼 사회에 대한 근

6

대적 연구에서 존경과 숭배의 대상으로 어떠한 형태의 비판도 허용되지 않는 고정관념 — 옮긴이)다. 직접지배에서 간접지배로 전환이 이루어질 때, 동질화를 밀어붙이는 정책에서 벗어나 차이를 규정(define)하고 관리(manage)하는 정책으로 몰입하는 과정을 가장 뚜렷하게 확인할 수 있다. 필자의 논지는 간접지배방식의 식민주의하에서 차이에 대한 규정과 관리가 거버넌스(governance)의 진수로 발전했다는 것이다. 근대 민주주의 국가와 그것의 식민지 버전의 다른 점은 바로 이것이다. 근대 국가는 시민사회 내의 차이를 인정하는 대신, 정치사회에서의 평등한 시민권을 보장했다. 그러나 그것의 식민지적 버전은 정치와 사회 양쪽 모두에서 차이를 제도화했던 것이다.

식민지 간접지배국가에서 추세는 시민권을 정착민(set-tler)에게만 제한하는 것이다. 필자의 논지는 정치적 정체성으로서의 "원주민"을 위기에 처한 대영제국의 지식인들이 창안했다는 것이다. 이런 주장을 펼치는 대표적인 지식인은 1857년(인도에서 세포이항쟁이 발생한 해 — 옮긴이) 이후 인도에서 대영제국의 위기에 대해 숙고한 헨리 메인(Henry Maine) 경이다. 또다른 인물로는 동인도제도에 속해 있던 아체에서 네덜란드의 제국주의적 기획에 대해 고심한 스노우크 휘르흐로녜(Christiaan Snouck Hurgronje) 같은 인물이 있다. 통념과는 달리 원주민은 진본이며 가짜가 아니라는 조건을 가리키지는 않는다. 오히려 메인에게서 확인할 수 있는바, 원주민은 식민지 국가가 만들어낸 창조물이다. 요컨대 식민지화됨으로써 원주민은 틀 속에 갇히게 되고, 일부 지역으로 국한되고, 버림받은 존재로서 문명 밖으로 내던져지고, 관습에 속박되었던 것이다. 이로써 원주민은 그러한 것들의 결과물로 재정의되었다.

간접지배하에서 원주민에 대한 거버넌스는 **원주민 당국**(native authority)의 특권이었다. 거버넌스의 형식으로서 **원주민 행정**(native administration)에는 전통과 관습에 충실히 따를 것이 요구되었다. 이때 원주민은 단수로 규정되었으며, 태고 이래 특별한 변화가 없는 것으로 규정되었다. 당연히 지배방식에는 지역에 따른 여러 버전들이 존재했다. 그러나 간접지배하의 식민지에서 "관습적인 것"을 정의한 것은 일련의 핵심적인 지배방식들이었다. 바로 그러한 지배방식들이 지역적인 지배 변형들과는 상관없이 일종의 기준점의 역할을 수행했다. 지배의 주관심사는 영토와 거버넌스였다. 식민지에서 영토는 오로지 서로 다른 홈랜드(homeland. 아프리카 흑인들의 거주지. 남아프리카공화국의 아파르트헤이트 체제에서는 흑인들의 분리된 자치구역을 의미했으며 가장 낙후된 지역이었다 ─ 옮긴이)들의 집합체로 정의될 수 있었다. 이때 각각의 홈랜드는 특정 원주민 부족의 주거지인데, 원주민으로 지정된 사람들만 부족의 홈랜드에 대한 공식적인 영토권을 요구할 수 있었다. 그 결과 공적 사안에 대한 참여는 더이상 그 영토에 살고 있는 모든 이들의 권한이 아니게 되었다. 권한은 영토에 소속되어 있다고 선언된 원주민들의 배타적 전유물이 되었다. 식민지 특권은 두가지 형태를 띤다. 인종적인 특권과 부족적인 특권이다. 양자 모두 법적으로 승인된 차이를 기반으로 삼고 있었다. 그리고 결국에 양자는 그러한 차이의 증거로 채택되었다. 정착민 세계주의(settler cosmopolitanism)는 인종 차이의 산물로, 원주민 특수주의(native particularism)는 부족 진본성(眞本性)의 반영으로 주장되었다.

반식민 민족주의(anticolonial nationalism)는 강요된 차이에 대한 해독제 역할을 수행했다. 그것은 우리의 공통분모로서 인간성을 강조했다. 그러나 반식민 민족주의가 국민국가 건설 기획(nationalist project. 2장과 3장의 본문 내용에 비추어 민족주의적 기획으로 번역하는 대신, 국민국가 건설 기획으로 번역한다 —옮긴이)으로 변모되었을 때, 그 어떤 동의도 존재하지 않게 되었다. 누군가는 정착민과 원주민의 세계를 거꾸로 뒤집어엎으려 했다. 또다른 누군가는 세계를 변화시켜 정착민과 원주민 양쪽 모두가 더이상 정치적 정체성으로서 존속하지 않도록 하겠다는 단호한 의지를 불태웠다. 정착민이 원주민이 되는 날은 언제일까?[2] 필자는 이와 동일한 질문을 이미 1998년 케이프타운대학 취임연설에서 제기했는데, 그것은 절대로 가능하지 않을 것이라는 답도 함께 내놓았다. 정착민과 원주민을 해방시킬 수 있는 유일한 가능성은 양자 모두가 정치적 정체성으로서 존재하길 그만두는 것이다.

정착민과 원주민은 함께 가야 한다. 원주민 없이 정착민이 존재할 수 없으며 반대의 경우도 성립하지 않는다. 양자 모두가 함께 재생산되거나, 그렇지 않으면 양자 모두 소멸하게 될 것이다. 정치적 정체성으로서 그들을 생산해내는 것은 원주민으로부터 정착민을 법률적으로 구별하는, 다시 말해 한편으로는 정착민을 규정하면서 다른 한편으로는 원주민을 규정하는 국가의 형식이다. 바로 이러한 국가를 개혁하는 것 그리고 식민지적 정치 기획을 견고하게 떠받치고 있는 역사서술을 새로 고쳐 쓰는 것, 또한 그 과정 속에서 "전통"을 역사화하여 복원하는 것이 독립 이후의 정치적 도전이었다.

제1장에서는 간접지배가 시작되는 시점에서 그것의 양식에 대해 논의할 것이다. 19세기 중반 대영제국의 위기에 대한 지적인 반성을 수행한 중요한 사상가 중의 한명인 헨리 메인 경을 살펴볼 것이다. 또한 인도, 영국령 식민지 말레이시아, 네덜란드령 동인도에서 이러한 위기를 수습하고자 고안된 일련의 식민지 개혁에 대해서도 논의할 것이다. 제2장에서는 아프리카 식민지에서의 "간접지배"를 상

세하게 서술하는 데 초점을 둘 것이다. 특히 필자는 식민지 수단(Sudan)의 사례를 상세히 다루고자 한다. 그것은 대영제국이 겪은 또다른 주요 위기의 여파로 형성된 마흐디(Mahdi) 체제에 관한 것이다. 마지막 장에서는 이러한 과정의 안티테제(antithesis)인, 지적·정치적 차원에서 전개된 탈식민화 운동에 대해 주의를 기울이고자 한다. 그 과정에서 우선 나이지리아 역사가 우스만(Yusuf Bala Usman)의 기념비적인 공로에 대해 다룰 것이다. 필자는 그를 식민지 역사서술에 대한 지적 해독제를 제공한 인물로 평가한다. 그러고 나서 니에레레(Mwalimu Julius Nyerere)의 국가경영에 대해 논의할 것이다. 그의 선구적 개혁 작업은 간접지배국가를 효과적으로 탈식민화했을 뿐만 아니라, 그렇게 함으로써 우리에게 레닌식 국가 "소멸"론에 대한 비폭력적 대안을 제공했다. 이와 동시에, 이 개혁들로 인해 국민국가 건설(nation-building) 기획과 민주주의 및 사회정의를 위한 기획은 서로 다른 길을 가게 되었다. 이러한 문제는 차후 연구를 위해 남겨놓는 것이 최상이다.

목
차

제1장

원주민성: 이론

헨리 메인 경과 1857년 이후 대영제국의 위기

19세기 중반 식민주의 위기의 여파로 식민지 통치성(co-lonial governmentality)의 새로운 형식이 탄생했다. 이러한 위기에 대해 뚜렷한 반응을 내놓은 이론가 중 가장 중요한 인물이 헨리 메인 경이다. 메인은 피식민지인의 역사성과 행위주체성(agency)을 인정하려고 애를 썼는데, 그것은 식민기획을 보다 지속가능한 토대에서 재사고하고 재구성하고자 하는 노력의 일환이었다. 그는 일종의 역사이론과 법이론을 기반으로, 서구를 서구 이외 지역으로부터 구별하고 보편적 문명을 지역관습으로부터 구별했다. 이 과정에서 원주민성 이론의 구성요소들을 제시하는 방식으로 원주민으로부터 정착민을 구별해냈다. 예를 들어 정착민이 근대적이라면, 원주민은 근대적이지 않다는 식이었다. 역

사가 정착민을 규정한다면, 지리가 원주민을 규정한다는
식이었다. 입법과 규제가 근대 정치사회를 규정한다면, 관
습적 규칙이 원주민의 정치사회를 규정한다는 식이었다.
진보의 지속이 정착민 문명의 특징이라면, 원주민 관습은
기껏해야 고정되고 변하지 않는 것으로, 자연의 일부로 사
고될 뿐이다. 요컨대 원주민은 위기에 처한 대영제국의 이
론가들이 만들어낸 산물이었다.

　헨리 메인 경은 세포이항쟁 이후 인도를 지배한 총독 내
각의 정규 구성원이 되었다. 그의 저작들은 인도는 말할
것도 없거니와 다른 지역의 식민지 공직에 내정된 사람들
에게도 필독서가 되었다. 인도의 라이얼(Alfred Lyall)을 비
롯하여, 말레이시아의 스웨튼햄(Frank Swettenham), 나탈
(브라질)의 쉡스톤(Theophilus Shepstone), 이집트의 크로머
경(Lord Cromer), 나이지리아와 우간다의 루가드(Frederick
Lugard), 수단의 맥마이클(Harold MacMichael), 탕가니카
의 캐머런(Donald Cameron)에 이르는 대영제국의 식민지
정부 인사들은 메인이 ― 특히 잘 알려진 자신의 저작『고
대법』(*Ancient Law*)에 ― 모아놓은 가정들을 구체적인 정
책으로 옮겼다. 그 결과 인종화되고 부족화된 역사서술,
시민법(civil law)과 관습법의 이중적 분리, 원주민을 수많
은 "자연적" 집단으로 분류하고 서열화하는 인구조사의
수행 같은 일련의 제도로 지탱하는 지배양식이 등장했다.

이것이 20세기 초 아프리카 식민지로 이식되었을 때, 언필 칭 "관습적"(customary) 행정 당국은 각각의 단위("부족의 홈랜드")에 살고 있는 주민을 원주민과 이주민으로 등급화했다. 이 시기를 제외하곤 원주민과 이주민은 인종화되어 있었다기보다는 오히려 종족화되어 있었다고 봐야한다. 관습법은 종족적 이주민을 차별하고 종족적 원주민을 우대했기 때문이다. 일종의 역사이론이 인종화된 권리 영역 외부에서 원주민 행위주체성의 틀을 짰다. 다시 말하자면 원주민 행위주체성을 가동시킨 것은 식민지 법체계였고 원주민 행위주체성은 식민지 법체계의 행정적 실천의 목표였다. 이러한 행위주체성은 식민지 권력과 학문의 비호를 받으면서 부족적인 것으로 언표되었다. 부족주의(tribalism)는 종족성의 물화(物化)된 형태다. 그것은 홈랜드에 고착된 문화이며, 고정불변의 문화이며, 정치화된 문화이며 그렇기 때문에 결코 움직일 수 없다.

이러한 지배양식을 고안해낸 자들은 이 지배양식이 자원의 고갈에 대한 실용적인 대응에 지나지 않는다고 확신했다. 피상적인 영향력만을 지닌 나약한 국가가 만들어지지 않았느냐는 것이다. 이것이 바로 그들이 이런 지배양식을 "간접지배"라 명명했던 이유다. 필자의 판단은 정반대다. 지배언어가 부드러워진 것은 사실이다. 1857년 이후 인도에서 통용되던 "불간섭"이라는 용어가 19세기 말 "보호"라는 용어로 발전했다. 이는 인도뿐 아니라 말레이 국가와 네덜란드령 인도네시아에서도 마찬가지였다. 20세기 아프리카로 이전될 무렵, 이러한 지배양식은 간접지배를 기반으로 관습과 전통을 보호한다고 확신했다. 그러나 간접지배국가는 나약한 국가가 아니다. 이전 시기의 직접지배 시기와는 달리 간접지배국가의 야망은 매우 방대한 것이었다. 그것은 식민지 엘리트뿐만 아니라 피식민지 주민의 주체성의 틀을 주조하는 것이었다.

직접지배에서 간접지배로의 이행

19세기 후반, 대영제국은 제국의 양쪽 극단에 위치한 인도와 자메이카에서 위기를 맞이했다. 1857년 인도에서 일어난 세포이항쟁을 필두로 시작된 제국의 위기는 1865년 자메이카 모랜트베이(Morant Bay) 반란으로 그 끝을 맺었다. 두 곳에서 이런 사태가 전개되자 사명(mission)의 위기와 정당화의 위기가 조성되기 시작했다. 이 위기에 대한 반성 작업은 식민의 사명을 문명에서 보전으로, 진보에서 질서로 재정의(再定義)하기에 이르렀다.

1757년에서 1857년 사이 남아시아 영토의 2/3가 동인도회사의 지배하에 놓였다. 이 지역 사람들은 직접적인 지배를 받는 신민이 되거나 아니면 간접적으로 동인도회사의 보호감호를 받는 군주로 전락했다. 공리주의적 및 복음주의적 의제의 주요 윤곽은 1850년까지는 뚜렷했다. 무굴제국을 철폐하고 영국의 법과 기술을 ─ 물론 기독교에 덧붙여서 ─ 인도에 들여오는 것이었다. 그런데 1857년 벵갈군에 속한 13만 9,000명의 세포이 **병사** 중 불과 7,796명밖에 안 되는 병사들이 영국인 주인들에게 반기를 들었다.[1] 자유주의 공리주의자들과 기독교 복음주의자들이 내세운 문명화의 사명은 흔들렸다. 무엇 때문인가? 메인의 표현에 따르면 분석 오류의 결과, 즉 "인도 원주민의 종교적이고 사회적인 신념"의 본성을 이해하지 못한 오류가 초래한 결과다. 메인은 이러한 "방대한" 주제가 "매우 피상적으로 검토"되어왔다고 주장하며, "나는 이것을 보다 정확하게 파악할 필요가 있고 세포이항쟁을 야기한 것은 바로 이것을 잘못 파악했기 때문이라고 단언한다".[2]

이러한 "지식의 결함"은 무엇이었던가? 그것은 두가지 형태로 존재했다. 첫번째로는 산스크리트어로 작성된 문헌에 과도하게 의지하면서 일상적인 관습의 중요성을 간과한 점이다. "오늘날 브라만 종교에 대한 잘못된 인식을 얻는 데 브라만 문헌보다 더 한 것은 없다. 브라만교가 스스로를 조직화된 종교 씨스템으로 묘사하고 있지만, 실상 브라만교의 진정한 특성은 그 어떤 형태의 조직이든 그것의 부재로부터 부상한다. 그리고 (내가 감히 덧붙인다면)

그것이 브라만교의 주된 관심사다."³ 메인은 초점의 전환을 요구했다. 오리엔탈리스트(오리엔탈리즘의 관점에서 동양을 연구하는 학자—옮긴이)의 지나친 문헌 치중에서 벗어나 이제는 일상생활에 대한 관찰로 옮겨가야 한다는 것이다. 원주민 제도의 논리는 지역 풍습과 전통에서 찾을 수 있다는 것이 메인의 논지다. 메인에 따르면, 설사 오리엔탈리스트가 일상생활을 이해하고자 노력했다 하더라도, 그들은 농촌과 전통적인 내륙지역보다는 도시화가 진전되고 세계주의적인 해안지역에 좀더 집중하는 오류를 범했다. 고립된 내륙지역보다 해안지역에 쉽게 접근할 수 있었다는 이유만으로 이러한 오류를 범했던 것이다. 메인은 그 예로서 매우 영향력 있는 저작인『두 인도에 대한 철학사』(*Histoire Philosophique des deux Indes*. 두 인도는 동인도와 서인도, 즉 인도와 서인도제도—옮긴이)를 든다. 레날(Abbe Raynal)과 디드로(Diderot)가 함께 쓴 이 책은 18세기 인도에 대한 프랑스의 철학적 고찰이다. 두번째 예로는 영향력 면에서는 앞의 저서에 못 미치는 버클(Mr. Buckle)의『문명사』(*History of Civilisation*)다. 메인이 보기에 이 두 저작 모두 "인도가 해상 모험에 의해 개방되기 전까지 놓여 있던 극심한 고립상태"를 이해하지 못했다. 그리고 이 저작들은 "아리아족이 남긴 모든 것들, 다시 말해 인종 중 가장 위대한 인종인 아리아족이 남긴 유산의 주요 부분이 다른 나라에서보다

특히 인도에서 오래 보존되어 있는" 이유가 무엇인지 깨닫지 못했다.[4]

인도의 역사적인 고립에 대해 메인은 두가지 근거를 제시했다. 첫번째로 지리적 여건이다. "해로가 아니라 육로를 통해서 접근할 수 있었는데, 이 지역보다 통과하기 어려운 땅은 지구상에 존재하지 않았다." 두번째로 "종교와 카스트가 강력한 방부제 역할을 수행했다"라는 것이다. 지리적 고립이 외부 영향의 미미함을 설명한다면, 종교와 카스트는 내부에서의 변화의 결핍을 설명한다고 메인은 주장한다. "브라만교는 사실상 타협의 종교다. (…) 따라서 브라만교는 오래된 믿음과 우상 그리고 그것들과 더불어 그것들 다수가 신성시하고 준수해왔던 제도들을 파괴하지 않고 보존한다. 기독교가 파괴한 낡은 이교도적인 세계를 중앙인도행정부(Central India)가 다시 복원하고 있다는 점에 대해서는 의심의 여지가 없다. (…) 그렇기 때문에 고대의 관행과 관습은 법에 의해 보호받는다기보다 항상 종교의 보호를 받아왔던 것이다."[5] 실제로 메인은 "원시 아리아족 집단, 원시 아리아족의 제도, 원시 아리아족의 사상이 그것의 초기 발전단계의 형태로 인도에 실제로 보존되어 있고" 그렇기 때문에 "고대 유럽의 상당한 부분이 인도에 살아남아 있다"라는 논지를 제시했다.[6]

그런 다음 메인은 해안지역과 내륙지역을 가능한 모든

색채를 동원하여 대조적으로 그리면서, 두 지역을 상호 연결이 두절된 실체로 부각시키는 데 골몰했다. 그는 해안지역의 특성을 일반화하여 인도 전체의 모습을 그리는 것은 잘못된 것이라고 부단히 지적했다. "왜냐하면 해안과 그 주변 도시들에서는 영국의 영향을 받아서 지식에 대한 갈망, 방대한 여론, 표준적 취향 등이 형성되어 있었는데, 이러한 것들은 이전의 인도에서는 전혀 존재하지 않는 것들이기 때문이다. 해안도시에는 중세 후기 유럽에서와 같이 사람들로 북적대는 대학들을 확인할 수도 있을 것이다. 서구의 문학과 과학을 열심히 공부하는 열기를 관찰할 수도 있을 것이다. 이러한 것은 학문 부흥을 위해 애썼던 유럽 학자들의 열의와 별반 다르지 않다. 종종 우리나라(대영제국)를 방문하는 원주민 인종의 매우 흥미로운 범례들은 바로 인도의 이러한 지역 출신들이다. 그들이 해안지역에서 성장한 사람들이라는 점은, 그들을 일반화하여 인도의 광범위한 내륙지역을 채우고 있는 수백, 수천만의 사람들에 대해 적용하는 것이 범해서는 안 되는 엄청난 오류임을 드러낸다."[7]

메인은 독자들에게 "인도의 해안지역 일부분에서 발견되는 영국문명의 아류에서 벗어나서" "광대한 내륙으로 들어가기를" 촉구했다. 더불어 "우리는 그곳에서 보이는 사회적 상황을 야만──물론 이 용어에 결합되어 있는 부정적인 연상을 제거한 뒤 ― 이라고 불러도 된다"라고 확언했다. 메인에 따르면 유럽 식자들의 주목을 끌지는 못했지만, "영국의 공직자들이 매우 세심하게 관찰하고, 행정의 관점에서 (…) 수백개의 보고서에 묘사해놓았던" 것은 바로 이러한 모습의 인도였던 것이다. 그런 다음 메인은 다음과 같은 결론을 내렸다. "이것이 바로 실제 모습의 인도다. 그런데 이러한 (나는 이 단어를 사용하지 않을 수 없다) 야만성은 영국이 지배하는 영토에서는 알게 모르게 서서히 약화되고 있다. 결국 해안지역에서 이러한 야만성이 해체되는 과정으로 접어들었는데, 그 과정에서 우리의 문명과 유사한 어떤 것이 생겨나기도 하는 것이다. 이러한 점들에 대해서는 의심의 여지가 없다."[8] 그럼에도 불구하고 공리주의자들이 이러한 "실제 인도"를 무시하고 "인도인들을 영국인으로 만들기 위해서는 교육청과 보통학교만 있으면 된다"[9]라고 결론을 내린 것에 대해 메인은 통탄을 금치 못한다.

메인은 세계주의적인 해안지역과 고립화된 내륙지역을 대조했다. 해안지역은 외국의 영향에 노출되어 순수하지 않으며, 내륙지역은 고립으로 인해 외국의 영향으로부터 보호되어 순수하다는 식이었다. 메인은 아마도 고대 로마시대로부터 외국의 영향에 노출되어 있던 영국 해안지역의 역사를 습관적으로 진보의 역사(a story of progress. 필자는 진보의 역사를 일종의 스토리로 간주하면서, 진보사관의 가설적 성격을 드러내고자 했다 — 옮긴이)로 바라보았을 것이다. 그러나 메인은 동일한 관찰자의 입장에 섰음에도 인도 해안지역을 뒤흔든 외부의 영향에 대해서는 부정적인 관점을 취했다.

메인은 단순히 간접지배에 대한 개념적 토대를 정립하고 지식을 기반으로 한 합리화를 제공하는 것 이상을 수행했다. 그는 새로운 비교학문을 창설해야 한다고 주장했던 것이다. 메인은 그것을 비교법리학(comparative jurisprudence, 比較法理學)이라고 언급했는데, 1875년 케임브리지 대학에서 행한 레드(Rede) 강연(메인은 '인도에 대한 관찰이 현대 유럽사상에 끼친 영향'이라는 강연을 했다 — 옮긴이)에서 다음과 같이 표현했다. "인도는 이미 비교언어학과 비교신화학을 세계에 선사했다. 그런데 인도는 우리에게 언어학이나 민속학 못지않게 소중한 새로운 학문을 하나 더 선사할 수 있을 것 같다. 나는 그것을 비교법리학이라고 부르는 것이 망설여진다. 왜냐하면 만약 그 학문이 존재한다고 할 때, 그것의 영역이 법의 영역보다 훨씬 더 광범위하기 때문이다."[10]

메인은 원주민 사회를 지역에 따라 보다 섬세하게 이해해야 한다고 역설했다. 특히 그가 종교와 카스트로 식별해 낸 제도들에 대해 그렇게 할 필요가 있다는 것이다. 메인은 이와 같은 식으로 "실제 인도"(real India)와 오리엔탈리스트들이 주장하는 "브라만 학설"(Brahminical theory)을 대비했다. 메인은 원주민은 지역적 관습을 따르는 것이지 보편적 관념이나 이념을 추구하는 것이 아니라고 주장했다. 동시에 카스트를 지역적 차원에서 실재했던 **자티**(jati. 인도 각 지역에 있던 직업을 중심으로 구성된 사회집단의 신분제도—옮긴이)로 이해해야 하며, 오리엔탈리스트들이 주장하듯이 보편 용어인 **바르나**(varna. 브라만·끄샤뜨리야·바이샤·슈드라로 알려진 인도 사회 전체의 신분제도. 카스트는 자티와 바르나의 등급체계를 포괄한 개념이다—옮긴이)로 이해해서는 안 된다는 논지를 펼쳤다. 그는 옥스퍼드 강연에서 청중들을 향해 다음과 같이 말했다. "인도는 말하자면 몇몇 개의 수평적 등급으로 나뉘어 있고, 그러한 각각의 등급이 하나의 카스트를 형성하고 있다는 것이 여기 모인 사람들의 일반적 생각이라는 것을 나는 잘 알고 있다. 하지만 이는 완벽한 잘못이다. 여러 카스트들이 위계적으로 인도 사회를 구성하고 있다는 브라만 학설은 상위 두 카스트를 제외하면 사실에 부합하는지 매우 의심스럽다. 그런데 고대 시기보다 근대 시기에 들어오면서 카스트에 대해 더 큰 의미가 부여되는 것 같다. 실제 인도에는 특정한, 매우 제한적인 의미에서만 다른 모든 카스트보다 상위에 존재한다고 할 수 있는 하나의 성직자 카스트가 존재한다. 그밖에도 상당한 수의 왕가와 일련의 부족, 마을공동체, 길드가 존재한다. 브라만 학설을 따르는 저술가들은 오늘날 우리 시대에서도 그러한 것들이 두번째와 세번째 카스트에 각각 속한다는 주장을 여전히 제시하고 있다. 그러나 다수의 권위자들은 이러한 주장에 극단적인 의심을 품는다. 카스트는 그러한 것이 아니라 직종이나 직업을 드러내는 명칭일 뿐이며, 브라만 학설의 유일한 가시적인 효과는 현실에서 원시적이고 자연적으로 분포되어 있는 계급의 양상에 대해 종교적인 제재를 만들어낼 뿐이다."[11]

메인은 지역적인 것의 이론화에 박차를 가하면서, 원주민을 하나의 개별화된 개념 세계 속으로 더욱 강력하게 옭아매었다. 이러한 원주민의 세계는 이주민의 세계와 이분법적으로 단절되어 있었다. 한쪽이 정태적 사회라면 다른 한쪽은 진보적 사회라는 식이었다. 물론 메인이 근대성을 전통적인 것으로부터 완벽한 단절이라고 간주하는 유일한 사람은 아니었다. 19세기는 비유럽세계에 대한 역사학과 인류학 연구들이 폭발적으로 쏟아져 나온 시기였다. 이러한 연구들은 사회이론(고전사회학)과 진화인류학의 발전을 이끌어냈다.[12] 이러한 지적 동요로부터 태동한 것이 게마인샤프트(Gemeinschaft)와 게젤샤프트(Gesellschaft)의 대립에 주목했던 퇴니스(Ferdinand de Tönnies)의 사회이론이며, 기계적 연대와 유기적 연대의 차이점에 주목하는 뒤르켐(Émile Durkheim)의 사회이론이다. 그러나 메인은 이와는 다른 이분법, 즉 서구와 — 그가 때때로 동양이라고 불렀던 — 비서구를 구분하는 이분법을 강조했다.

사회적인 것이 서구사회의 본성과 역동성을 이해하기 위한 특권적인 이론 영역으로 자라났다면, 비서구사회에서는 이러한 특권이 문화 영역에 주어졌다. 그 결과 문화에 대한 사고가 두가지 갈래로 형성되기 시작했다. 다시 말해 비서구사회에서의 문화는 사방이 벽으로 둘러쳐진, 고립된, 그리하여 변하지 않는 사안으로 이해되었다면, 그와는 반대로 서구사회에서의 문화는 변용적인 문화로 이해되었다.[13] 원주민은 시간을 이겨낸 지리의 승리를 대변하는 것으로 주장되었다. 이러한 관점에서 본다면, 인도는 일종의 관습의 집을 닮아 있었고, 그런 연유로 지리가 역사를 의미할 수도 있다는 식의 자기만족적 주장이 제시되었다. 메인은 다음과 같이 확언했다. "아마도 인도보다 관습이 더 안정적인 상태를 유지하고 있는 나라는 어디에도 없을 것이다."[14]

메인은 일종의 법진화론을 토대로 이러한 이분법을 강력하게 지지했다. 그는 법은 첫번째 단계에서 불문법적인 관습법으로부터 성문법으로 발전했는데,[15] 이러한 발전은 귀족이 일구어낸 성과였다고 주장했다. 그에 따르면, "동양의 귀족들은 종교적으로 된 데 비해, 서구의 귀족들은 시민적 혹은 정치적이 되었다는"[16] 차이가 있다. 바로 그것이 서구에서는 성문법이 규율의 총합체로서 현실에서 지켜지는 데 반해 동양에서는 법이 이상화(理想化), 보다 상세히 말하면 인도에서는 종교적으로 이상화, 중국에서는 비종교적으로 이상화되는 이유다.[17] 이런 차이를 빚어내는 사정은 한가지다. 로마법은 부패 이전에 만들어졌고, 동양의 법은 부패 이후에 만들어졌기 때문이다.[18] 메인의 주장에 따르면, "각 공동체의 전반적인 운명에 영향을 끼친 문제는 (…) 성문법의 존재 여부에 관한 것이 아니었다. 왜냐하면 대다수 고대사회에서 이르든 늦든 성문법이 만들어진 것처럼 보이기 때문이다". 그가 파고든 실제적인 논점은 다음과 같다. "그렇지만 인종의 역사가 중심주제로 삼는 것은 해당 인종이 자신의 사회적 진보의 어떤 시기에, 어떤 단계에 자신의 법을 글로 작성하기 시작했느냐는 것이다."

시기상의 차이는 정치적 차이에서 기인하는 듯하다. 메인은 다음과 같이 주장했다. "서구 세계의 각 국가에서는 천민적 또는 평민적 요인들이 과두제적 권력 독점을 성공적으로 공격했다. 그리하여 성문법은 거의 보편적으로 국가(Commonwealth)의 역사 초기에 쟁취되었다. 이와는 달리 동양에서는 (…) 과두제적 권력층이 군사적이거나 정치적이라기보다는 오히려 종교적이 되는 경향을 띠었다.

그렇다고 하여 그들의 권력이 약화된 것이 아니었다. 오히려 강화되었다."[19] 시기상의 차이는 강력한 효력을 미쳤다. "원시법의 경직성은 그것이 초기에 종교와 연계되어 있었다는 점 그리고 종교와 동일시되었다는 점으로부터 발원했다. 그런데 이런 경직성으로 말미암아 다수의 인간 종들은 그들이 애초에 그러한 것들을 체계화된 형식으로 정형화했던 바로 그 시기에 누렸던 삶과 행동에 대한 관점에 완전히 구속되고 말았다."[20] 또한 메인은 인도와 중국 사이에 부차적인 차이점을 지적했다. 종교와의 연계 및 동일시가 인도에서 원시법의 경직성에 대한 주요 원인이라고 간주되었다면, 중국에서는 동일한 경직성이 법을 이상화하는 보다 세속적인 경향으로부터 기인했다는 점이다.[21]

　메인이 주장하는 핵심 요점은 인류의 사회적 진화에서 서구는 예외를 의미한다는 것이다. 세계사의 관점에서 본다면, 서구만이 진보의 발전을 대변하는 유일한 장소라고 주장할 자격을 갖고 있으며, 다시 말해 "(…) 인간 종의 정태적인 상태가 규칙이며 진보적인 상태는 예외적"[22]이라는 것이다. 메인은 "진보적인" 서구와 "정태적인" 비서구의 차이를 설명할 수 있는 역사적 요소들을 이해하기 위한 작업에 착수했다. "수많은 증거가 존재함에도 서유럽 시민들이 자신들을 둘러싸고 있는 문명이 세계사에서 매우 보기 드문 예외라는 사실을 충분히 인식하는 것은 정말 어려

운 과제다." 이러한 보기 드문 업적에 대한 성찰은 실제로
는 "진보적 인종이 인간 삶의 총체성에 대해 맺고 있는 관
계"에 대한 고찰을 의미하기 때문이다.[23] "정태적인" 비서
구와 "진보적인" 서구, 둘의 차이는 단순히 법적인 성격의
것이 아니었던 것이다. 그보다는 오히려 도덕적인 그리고
정치적인 체계에서 드러나는 차이였던 것이다. 정태적인
사회에서 친족이 차지했던 위상이 바로 그러한 차이를 대
변했다.

메인에게 친족은 원시사회의 핵심적인 정치적 사실이
었다. 메인은 『초기 제도사에 대한 강의』(*Lectures on the
Early History of Institutions*, 1875)에서 다음과 같이 서술했다.
"무수한 인도 주민들은 자연집단의 총합이지, 영국 본국
에 존재하는 것 같은 대중의 총합이 아니라는 사실을 총독
(Governor Genral)이 깨닫기까지는 보통 2~3년이 걸린다.
그런데 인도의 일부 통치자들은 그러한 학습 과정을 전혀
거치지 않은 것이 아니냐는 비난을 받고는 했다."[24] 친족
이 바로 이러한 "자연집단"이었다. "원시사회의 역사에 대
한 최근의 연구 업적들은 공동체에서 사람들을 묶어준 최
초의 끈이 혈족 혹은 친족이라는 결론을 시사한다."[25] 그리
나 메인이 인정한 것처럼, 친족이란 문자 그대로의 의미로
기능한 것이 아니라, 그가 후에 법적 의제(法的 擬制, legal
fiction)로 특징지은 것의 원형으로서 기능했다. 그러한 원

형으로서의 친족은 변화하는 상황에 맞추어 확장될 수 있는 고도의 탄력적 용어였다. 메인은 친족을 혈연관계로 맺어진 사람들만이 아니라, 다양한 이유에서 예속, 납치 및 병합되어 원(原) 집단에 포함된 가까이 있는 사람들로 규정했다. 따라서 친족은 "혈연관계에 의해 실제로 통합되어 있거나 아니면 자신들이 그렇게 통합되어 있다고 믿거나 추정하는 사람들의 집단"을 명시했던 것이다.[26]

메인은 친족을 원(原) 정치공동체의 기초라고 보았다. "정치사상의 역사는 혈연으로 맺어진 친족이 정치적 기능의 측면에서 유일하게 가능한 공동체의 토대라는 추정에서부터 출발한다."[27] 친족관계는 이와 동시에 권력관계다. "친족은 공동체를 하나로 묶어주는 끈으로서 공동의 권위에 대한 예속과 동일한 것으로 간주되는 경향이 있다. 권력과 혈족관계(Consanguinity)라는 개념은 서로 뒤섞일 수 있지만, 절대로 서로를 대체하지는 않는다."[28] 그렇기 때문에 고대사회가 개인의 총합이 아니라 가족의 총합인 것이며, 바로 이 점은 "사회의 유아성(乳兒性)을 언제 어디서든 확연하게 드러내는 특징 중의 하나"다. "인간은 개인으로서가 아니라, 항상 특정 집단의 구성원으로서 간주되거나 취급된다."[29] 사실상 "고대의 법은 (…) 개인에 대해 거의 아무 것도 알지 못했다".[30]

메인의 논지에 따르면, 친족의 이중적 기능, 즉 원칙을 부여하거나 새로운 집단의 흡수를 위한 탄력적이고 실용적인 도구를 제공하는 기능이 없다면, 원시 집단이 그 규모를 확장하는 것이 어떻게 가능한지를 이해하는 것은 어려워질 것이다. 그는 이러한 이중적 기능을 "법적 의제"라고 명명했다. "나는 만일 그러한 법적 의제가 존재하지 않았더라면, 원시 집단이 그들의 본성이 어떠하든 간에 다른 집단을 어떻게 흡수하는지 혹은 그들이 어떤 조건에 의해 상호 결합되는지에 대해, 한 집단이 절대적인 우위를 차지하고 다른 집단을 절대적으로 종속하는 경우가 아니라면 절대로 알 수 없었을 것이다."[31] 사실이 그랬다. "그 당시 가장 선호되었던 방책은 외부로부터 유입된 사람들이 그들을 받아들이는 주민들과 동일한 뿌리의 자손인 것처럼 위장하는 것이었다. 그리고 다름 아닌 이러한 의제에 대한 선의의 믿음 그리고 현실을 모방하는 것처럼 보이게 하는 엄밀성과 관련하여 오늘날 우리는 그러한 것들을 이해할 수 있다는 희망을 더이상 가질 수 없다."[32]

『초기 제도사에 대한 강의』에서 메인은 부족에서 인종으로의 발전 경로를 추적하면서 사회적 진화를 쌓아올리는 벽돌들을 제시했다. "법리학 연구자는 언어학적 친화성을 토대로 오늘날 보편적으로, 이를테면 아리아족과 셈족으로 분류되는 인종에 속하는 부족에만 배타적인 관심을 가진다."[33] 메인은 아리아족의 역사를 집중적으로 다루면서 그 분파 중 일부(특히 아일랜드와 인도)가 서구 역사의 추진력이 되어온 진보의 역사(story of progress)와 연관되지 않았던 이유가 무엇인지에 대해 궁금해했다. 그는 아일랜드와 인도의 경험 사이에서 무수히 많은 유사점을 발견했다.[34] 그러나 그중 가장 중요하고 결정적인 것은 그 어느 쪽도 "직접적이든 간접적이든 로마제국의 영향력"에 들어가지 못했고 그리하여 어떤 혜택도 받을 수 없었다는 점이다.[35] 메인의 확신에 따르면, "진보의 법칙에 대한 연구에 매진할 때", 더 후진적인 사회의 현재는 더 진보한 사회의 과거를 풀 수 있는 열쇠가 된다는 점이다. "진보한 사회의 원시 상태는 진보하지 않은 사회의 상태에서 발견되는 것으로부터 가장 잘 알 수 있다."[36] 그리하여 그는 영국 역사에서 해명되지 않은 면모들을 이해할 수 있는 열쇠를 확보하기 위해 아일랜드와 인도의 현재를 살펴보았던 것이다.

아일랜드와 인도는 정체된 발전의 사례를 대변했다. 물론 영국은 이런 경향의 예외를 의미했다. 만약 정말 그렇다면, 정체된 발전의 원인을 아일랜드와 인도에서 법을 이상화하는 경향 외에 다른 것에서 찾을 수는 없을 것이다. 그리하여 메인은 아일랜드에서 고대 브레혼 법(Brehon law)에 "큰 권위가 부여되었다는" 사실을 인정하면서도, "이 법은 불규칙적이고 간헐적으로 적용되었을 가능성이 매우 높았고, 이 법의 부분적인 그리고 지역적인 변형은 고대 아일랜드 전역에 공통된 현상"이었다는 논지를 펼쳤던 것이다. 그는 인도에 대해서도 유사한 논지를 펼쳤다. "인도에서 실천된 법의 엄청난 지역적 변용"을 감안한다면, 인도 연구자들이 "영국인들이 자신들의 법정을 통해 브라만 법률가의 법을 강제하기 이전에, 그 법이 어느 정도로 준수되었는지에 대해 부단히 자문하는 것은 전혀 놀라운 일이 아니다".[39] 바로 여기에 고대 아일랜드와 영국이 지배하기 전의 인도가 왜 관습법에서 시민법으로 이전하지 않았는지에 대한 답이 들어 있다는 것이다.

관습법에서 시민법으로

메인의 논지에 따르면 "지금까지 진보적인 사회운동은 신분에서 계약으로의 운동이었다".[38] 두 종류의 법 사이에 차이가 존재하는데, 관습의 구속을 받느냐, 아니면 추상적이냐 하는 점이다. 이러한 차이가 진보적인 사회와 정적인 사회의 분리를 설명하는 틀이 되었다. 메인의 핵심 논지는 다음과 같다. 통상적으로 그리고 인류 전반에 걸쳐서 법의 발전은 문화의 구속을 받았다("관습"법). 그러나 소수의 유럽인들은 추상법("시민"법)을 개발하는 데 성공했다. 따라서 시간과 환경으로부터 자유로운 법으로서 추상법이 보편적 문명화 사명의 토대가 될 수 있었다는 지적은 틀린 것이 아니다. 관습법이 맥락의 구속을 받는 데 반해 시민법은 맥락을 초월했다. 관습법이 농민과 그들의 곡물처럼 땅에 뿌리박고 있었다면, 시민법은 전 지구를 돌아다닐 수 있었다. 인도의 문제는 서구 이외의 다른 모든 곳과 마찬가지로 "문명이 법을 확산시키기보다는, 법이 문명을 제한해왔다"라는 점이다.[39]

메인의 이론화 작업을 이끈 것은 관습법과 근대법의 구분이었다. 관습법은 문명이 앞으로 나아가지 못하도록 붙잡아맨다. 법이 문화에 매여 있기 때문에, 법은 사회를 특정한 시점에 묶어둔다. "진보적인" 법은 문명의 전진에 반응하는 법이다. 이때 법은 자신과 문화의 연계를 제거함으로써 자유로워진다. 법은 추상화됨으로써 진보의 도구가 된다. 이렇게 우리는 두 종류의 법, 즉 문화로부터 자유로운 서구의 법과 문화에 구속된 비서구의 법이라는 두 종류의 법을 가진다.[40] 그리고 우리는 이러한 법의 이원성에 기초하여 두 종류의 사회, 즉 진보적 사회와 정태적 사회를 가진다.

이러한 이론적 발판을 근거로 메인은 공리주의자들과 연계되어 있는 문명화 사명을 조목조목 비판하기 시작했다. 그에 따르면, 공리주의자들은 "정치제도도 어떤 기후에도 견디고 모든 공동체에 혜택을 제공할 것이 보장된 증

기기관 같은 것이라 수입이 가능하다고 생각했다".[41]

부족의 주권과 근대적 주권

공리주의자에 대한 메인의 정치적 비판은, 메인이 존 오스틴(John Austin)의 철학적 추상이라고 명명한 것과 주권에 대한 역사적 평가를 대립시켰다. 메인에 따르면, "주권에 대한 오스틴류의 관점"에 내재된 문제는 그것이 "추상의 결과"라는 점이다. "개별 공동체의 전체 역사"를 보지 않고 오로지 결과에만 초점을 맞추는 추상의 과정이 문제가 된다.[42] 이러한 방법의 "실질적인 가치"는 "추상의 과정에서 제거되는 요소들과 보존되는 요소들의 상대적 중요성에 따라 결정된다".[43] 바로 이러한 것들이 "주권에는 강제력 이상의 것들이 내재되어 있고, 주권자의 명령인 법에는 (…) 통제된 강제력 이상의 것들이 내재되어 있다는 사실을 오스틴의 제자들로 하여금 망각하도록 이끈"[44] 것이다. 오스틴에게 법리학은 실증법(Positive Law)이었다. "실증법은 (…) 주권자가 자신의 신민에게 내리는 명령이다. 주권자는 명령을 통해 신민에게 의무 또는 복종의 조건을 부과하거나, 명령에 불복종할 경우 규제나 처벌을 내리겠다고 위협한다."[45] 오스틴은 정확하게 이러한 실증법에 초점을 맞추었다. 때문에 오스틴은 "우리가 실제로 복종하

며, 법의 성격을 어느정도 띠고 있는, 그러나 (그 자체로
는) 주권자가 신민에게 부과한 것이 아닌, (그 자체로는)
주권자의 권력에 의해 집행되는 제재에 의해 강제되는 것
이 아닌 방대한 양의 규칙들"[46]을 망각하는 위험을 감수했
던 것이다. 설사 "세상의 일이 보통 그렇듯 주권이 법적인
제한을 부과할 능력이 없더라도", 주권에 대해서는 또다른
비-법적·역사적 제한들이 존재한다. 그것은 "주권자들이
모종의 명령들은 아예 내리는 것 자체를 두려워하고, 어떤
명령들은 비록 법이 아닐지라도 극단적 타당성을 지닌 규
칙으로 인해 내리지 않을 수 없"기 때문이다.[47]

메인은 자신의 핵심 주장을 사례를 들어 설명했다. "고
대 그리스 도시국가의 참주가 주권에 대한 오스틴의 테스
트를 모든 면에서 충족하는 경우는 왕왕 있었다. 그러나
이는 '참주는 법을 뒤집어엎는다'는 개념이 적용되면서
이어지는 논리적 귀결일 뿐이다."[48] 메인은 좀더 쉽게 설
명하고자 인도의 예를 들었다. 시크교도인 라자 란지트 싱
(Raja Ranjeet Singh. 19세기 초 인도의 북서 지방을 중심으로 한 시
크제국의 창시자 — 옮긴이)은 "절대 전제군주처럼 거의 완벽
한 질서를 유지했다. (…) 그런데 그가 일생동안 오스틴이
법이라고 불렀을 만한 명령을 단 한번이라도 내린 적이 있
는지 매우 의문스럽다".[49] 오히려 "라자 란지트 싱은 한번
도 입법을 행한 적이 없으며 (…) 그의 신민의 생활을 조절

한 규칙들은 태고 이래 사용되어오던 것들로부터 파생되었다. 그리고 이러한 규칙들은 가족이나 마을공동체 안의 영내 재판소를 통해 집행되었다".[50] 메인은 이러한 사례가 "란지트 싱이 지배했던 펀자브 지방이, 평화와 질서가 지배한 얼마 되지 않는 간극기에 나타난 동양적(Oriental) 공동체의 원형으로 간주될 수 있음"[51]을 의미한다고 역설했다. 메인은 라자 란지트 싱의 사례에서 전근대적 정치사회의 진수가 포착된다고 보았다. "현재를 탐구하기 위해서는, 우리가 목도하고 있는 서유럽의 근대적 사회조직보다 내가 인도적인 것 혹은 동양적인 것(Oriental)으로 묘사한 바 있는 정치사회의 상태가 세계 대부분 지역의 이전 상태를 이해하기 위한 훨씬 더 믿을 만한 실마리를 제공한다는 점을 인지하는 것이 중요하다."[52]

법과 마찬가지로 정치사회에 대해서도 메인은 근대와 전근대라는 두가지 유형 사이에 확실한 칸막이를 쳤다. "그렇기 때문에 두가지 유형의 조직화된 정치사회가 존재한다. 보다 오래된 정치사회에서 대다수의 사람들은 촌락 혹은 도시의 관습에서 유래한 생활 규칙에 따른다. 그러나 그들은, 세금은 거두어가지만 법은 만들지 않는 절대적 지배자의 명령에 은연중에 복종하는 경우가 적지 않다. 또다른 정치사회, 즉 우리에게 매우 익숙한 정치사회에서는 주권자가 자신의 원칙에 의거하여 보다 활발하게 법을 만들어감에 따라 지역의 관습과 관념은 빠른 속도로 사라지고 있다."[53] 오스틴은 근대 정치체제와 시민법을 강조했지만, 관습법에 따라 조직된 전근대적 정치체제를 어떤 식으로 통치할 것인가에 대해서는 별다른 통찰력을 제시하지 못했다. "관습법 — 필자는 이 주제에 대해서만큼은 오스틴의 언급들이 그다지 쓸모없다고 본다 — 은 복종의 대상이 아니다. 오로지 제정된 법만이 복종의 대상이다."[54] 달리 말해 관습에 대해서는 **준수**가, 법에 대해서는 **복종**이 발생한다는 것이다.

철학적 추상에 매몰된 나머지, 공리주의자들은 세계를, 특히 식민지 세계를 서구로 확대해석하는 오류를 범했다. 이러한 어리석은 생각의 논리적 파탄을 극명하게 드러낸 것이 1857년의 세포이항쟁 사건이다. "나는 인도의 영국인 지배자들이 두개의 시간대에서 동시에 시간을 맞추려고 하는 사람들과 같다고 말해왔다. 이것은 진심을 담아 하는 말이다. 그럼에도 불구하고 다음과 같은 역설적인 입장에 수긍하지 않을 도리가 없다. 시간이 너무 느리게 가면 개선이 있을 수 없고, 시간이 너무 빠르게 가면 안전이 지켜지지 않을 것이다. 나는 이러한 문제의 진정한 해결책은 인도의 현상을 검증하고 분류하는 작업에 존재한다고 믿고 있고, 그 가능성을 확인하기 위해 여태 애써왔다. 그러나 인도의 영국인 지배자들은 오로지 서구의 사회적 경험을 기준으로 하여, 자신들에게는 개선과 크게 다를 것이 없지만 실제로는 혁신을 갈망하고 있다. 그러한 상태에서 영국인 지배자들이 머지않아 파괴될 것처럼 보이는 제도와 관습에서 서구의 과거는 물론 어느정도 현재까지도 해석해주는 지식의 자료들을 발견하게 된다면, 그들은 엄청난 불신에 휩싸이지 않을 수 없을 것이다. 그럼에도 불구하고 다른 한편에서 서구의 사상·금언·관습의 승리는 불가피하다. 물론 인도 원주민 대다수에게 그러한 사실을 받아들이게 하는 것은 불가능하다. 그렇다 할지라도, 어떤 경우에도 우리는 인도 원주민 중 가장 훌륭하고 가장 똑똑한 사람들에게 우리가 단지 자만심이 강해서 혁신하거나 파괴하는 것이 아니라는 점은 알릴 수 있을 것이다. 우리가 변화시키려 하는 것은 달리 어떻게 할 방도가 없기 때문이다."[55]

메인은 공리주의자들과의 논쟁에서 변화라는 사실에 대해 이의를 제기한 것이 아니라 그 속도를 문제 삼았다. 메인의 목적은 관습을 유지한다는 개념이 어떤 사람들에게 의미하는 것처럼 변화를 막자는 것이 아니었다. 그보다는 오히려 식민지라는 맥락에서 변화의 속도 완화를 단호하게 요구했던 것이다. 메인의 관점에서 본다면, 여기에 바로 문제의 핵심이 놓여 있다. 권위가 소규모 자연집단의 외부로부터 발원한다면, 명령하는 법이 ─ 습관, 여론, 자발성의 지원을 받지 않은 상태에서 — 준수를 불러일으키는 규칙을 대체한다면, 법과 주권은 외부에 존재하고 강제성을 띤 것처럼 보인다는 것이다.[56] 그는 전통사회에서 가족 외부에서 작동하는 굼뜬 "관례의 전제주의"(관습)와 가부장권(patria potestas) 내부에서 작동하는 능동적인 "가부장 권위의 전제주의"를 대조했다. 메인은 능동적인 권위가 가족으로부터 주권적 권력으로 이전된 것은 급격하게 변화된 상황의 결과였다고 생각했다. "그것(법을 의미한다. 헨리 메인의 저작 *Lectures on the Early History of Institutions*의 온라인 판 참조 http://socserv2.mcmaster.ca/~econ/ugcm/3ll3/maine/lect13 — 옮긴이)의 보편성과 그것의 주권자의 강력력에 대한 의존성은 근대국가의 광대한 영토 확장의 결과이며, 국가를 구성하는 하위집단의 소멸의 결과이자, 무엇보다도 민회, 원로원, 군주 치하의 로마 공화정의 모범과 영향이 빚어낸 결과다. 로마 공화정은 공화정 역사의 매우 이른 시기부터 자신이 집어삼킨 대상을 좀더 철저하게 분쇄했다는 점에서 다른 지배체제 및 권력과는 구별되었다."[57] 메인에 따르면, 근대 정치체제와 기타 정치체제를 명확하게 구분하는 것은 입법이다. 따라서 공리론 — 최대 다수의 최대 행복 — 이 평등에 관한 이론은 물론 근대 입법의 보편주의를 전제로 한다는 점은 전혀 놀라운 일이 아니다. 메인은 거기에서 멈췄다. 그러나 만약 그가 자신의 이론을 한걸음 더 발전시켰다면, 다음과 같은 주장을 했을 것이다. 능동적 주권(active sovereignty)은 질서를 만들어내는 민주주의를 필요로 한다. 이것이 식민지 질서와 관련하여 의미하는 바는, 식민지 권력은 관습의 굼뜬 강제를 활용할 필요가 있으며 권력의 정당화를 위해서 관습이 필요하다는 것이다.

　메인은 인도에서 전통적으로 지배자들이 법을 제정하지 않았다는 공리주의자들의 견해에 동의했다. 지배자들은 명령을 내렸을 뿐, 법을 제정하지는 않았다는 것이다. 이러한 점에서 보면 인도의 전통적 지배자들은 주권적인 존재가 아니었다. 주권이란 주권자에 의해 발효된 법을 중심으로 순환하는 하나의 영토이기 때문이다. 메인 자신이 창립자라고 여겨지는 새로운 법리학에서 원주민은 그들 자신만의 독자적인 역사를 갖고 있을지는 모른다. 그러나 원주민 자신의 역사로 접근해 들어갈 수 있는 통로를 갖고 있지는 않다고 간주되었다. 이런 접근을 위해서는 과학이 필요하지만 과학의 열쇠는 이론화할 수 있는 능력이기 때문이라는 것이다. 메인이 원주민 역사의 비밀을 풀 수 있는 일종의 열쇠, 즉 인식론적 행위주체를 염두에 두고 있었던 것은 바로 이것 때문이었나. 인식론적 행위주체는 다름 아닌 유럽인들이었다. 유럽인들은 오로지 인도가 언제나 주권자가 아닌 관습에 의해 지배되어왔다는 점을 인식하기만 하면 되었다. 인도가 관습에 의해 지배되어왔기 때문에 입법에 기반한 지배인 외국인의 지배, 즉 서구인의 지배하에 살고 있다는 달갑지 않은 사실을 인도인에게 매일매일 일깨울 수밖에 없었던 것이다. 또한 그러한 점이 인도에서 좋은 거버넌스는 지역적 거버넌스, 지방분권화된 거버넌스, 관습적 거버넌스인 이유였던 것이다.

반란에 대한 대응

세포이항쟁에 대한 영국의 주요 대응은 일종의 독트린 형식을 띠었다. 그것은 빅토리아 여왕의 1858년 선언에 포함되어 있었는데, 사적인 영역, 특히 종교에 대한 불간섭 정책이었다.[58]

어느 누구도 종교적인 신념이나 의례로 인해 어떤 방식으로든 우대되거나, 괴롭힘을 당하거나 또는 불안에 떨지 않도록 하는 것이 영국왕실의 의지이자 바라는 바임을 천명한다. 신민 모두가 법의 평등하고 불편부당한 보호를 누려야 한다. 왕실 휘하의 모든 기관은 우리 신민 개개인의 종교적 신념 혹은 경배에 절대로 개입할 수 없으며, 그렇지 않을 경우 우리는 엄청난 불쾌감으로 고통받을 것이다.

불간섭 독트린은 결국 단 하나의 이유 때문에 전면적인 간섭의 칙서로 변모되었다. 불간섭 독트린은 점령권력이 간섭하지 않겠다는 영역의 경계를 규정하고, 간섭을 받아서는 안 되는 참된 종교의 내용을 규정하고, 마지막으로 순수한 형식으로 종교를 규정하고 보호하는 믿을 만한 관할기관을 인정하는 특권을 스스로에게 부여했다는 점이다. 경계를 규정하고 "관습적인 것"의 내용과 권위를 규정하는 특권은 점령 당국의 권력이 폭넓은 범위로 미치도록 했다. 그런데 이러한 권력의 행사, 즉 "보호"되어야 하는 대상의 목록은 정치적으로 결정되었다. 그리고 대상의 목록은 시간이 지남에 따라 점점 더 늘어났다.

첫번째 라운드는 시장의 작동에 대한 제한을 설정하는 것이었다. 더불어 고리대금업자들로부터 농촌공동체를, 상인 카스트로부터 하위 농민 카스트를, 지주의 농지가 분할 혹은 파편화되지 않도록 보호하는 것이었다.[59] 메인의 "용어 발생 이전의 기능주의"(필자는 기능주의라는 용어가 사용되기 이전, 메인이 기능주의의 의미를 선취했다고 보고 이렇게 언급함—옮긴이)는 어느 한 장치도 예외 없이 자신이 수행해야 할 특정 기능을 지니고 있음을 보여줌으로써, 농촌공동체, 하위 카스트, 봉건 농토를 복권시켰다. 그러자 각각의 장치는 이제 "명백한 사회적 목적"을 띠게 되었다. 때문에 더이상 시대에 뒤떨어진 것으로 간주되지 않고 거꾸로 사회적으로 유용한 것이 되었다.[60] 두번째 라운드에서는 이러한 보호 조치가 시민사회 내의 여러 집단으로 확산되었다. 처음에는 1880년대와 1890년대의 무슬림, 그리고 시크 교도, 다음에는 비-브라만 집단, 마지막으로 산지 원주민 (Hill People. 히말라야 산맥 등지에 거주하는 인도의 소수민족 — 옮긴이)으로 보호가 확대되었다.[61] 시간이 지나면서 이러한 목록은 마치 다수집단으로부터 소수집단을 보호하는 제국의 칙서인 것처럼 보였다. 그리하여 이제는 사명(mission)이 아니라, 소수집단의 보호라는 의제(agenda)가 식민지 지배의 이론적 근거가 되었다.

19세기 말 벵갈의 무슬림 조직과 대표권에 대해 어떻게 대응할 것인지에 대해 인도 지역 영국인 모임에서 행한 논의를 되돌아보는 것은 매우 시사적이다. 저항운동의 확산에 직면하자 인도에 거주하는 일반 영국인들 사이에서는, 대표권을 확대해 무슬림에게도 적용하는 이외에 달리 방법이 없다는 의견이 지배적이었다. 단지 대표권의 조건을 영토를 단위로 할 것인지 혹은 집단을 단위로 할 것인지가 문제였다. 1905년 벵갈분할령이 발표되었을 때, 이 선택은 중차대한 결과를 가져왔을 뿐만이 아니라 역사적으로도 중요한 의미를 띠었다. 인도 관할 장관(Secretary of State for India. 인도 행정부를 정치적으로 책임지는 수장으로 영국 내각의 장관—옮긴이)인 몰리(John Morley)는 1905년 벵갈분할령에 대한 반대 시위와 1905~1908년의 스와데시 운동을 염두에 두고 영토적 대표권을 제안했다. 이러한 그의 의견에 반하여 당시 인도정부를 관할하던 내무장관(Home Secretary)이자 민족지학의 책임자였던 리슬리(Risley)는 새로이 결성된 무슬림 연맹(Muslim League)이 제기한 분리된 선거인단 요구를 받아들여 집단 대표권을 제안했다. 집단 대표권은 1909년 몰리-민토 개혁(Morley-Minto reform)에서 채택되었는데, 이것은 벵갈을 넘어서는 새로운 분할 요구에 불을 지폈다.[62]

보호체제가 거버넌스의 기술이 되다.

제도와 집단의 유지 및 보호는 실제로는 사회적·정치적 변화를 제한하려는 일종의 전략이었다. 1857년 이전 시기의 문명화 사명이 현실에서 의미한 바는 엄밀하게 시장으로부터 법의 지배, 복음 기독교에 이르기까지 일련의 변화였다. 이러한 변화들은 "관습"과 "전통"에 파괴적인 영향력을 미쳤다. 그러자 전통, 관습 그리고 이의 담지자인 원주민이 고삐 풀린 근대성의 위험을 받게 되었고 그렇기에 긴급한 보호가 필요하다고 지적되었던 것이다. 결국 식민지 사명은 문명화에서 보존으로, 동화에서 보호로 전이되었다.

이러한 전이를 가동시킨 것은 두 갈래의 발의였다. 법적인 발의와 행정적 발의는 1862년에서 1872년까지 10년 사이에 동시에 전개되었다. 법적 개혁은 공적인 영역과 사적인 영역을 날카롭게 구분했다. 일련의 법률개정을 통해서 이슬람법의 잔재가 모든 공공영역에서 깨끗하게 사라졌다. 이러한 변화는 "형법 분야에서 이슬람의 마지막 잔재를 없앴던" 인도 형법 조문(Indian Penal Code)과 형사소송법(Code of Criminal Procedure, 1862)으로부터 시작하여 페르시아식 작위 폐지와 식민지 법정에서 무슬림 보좌관 채용 금지(1864)에 이르기까지 광범위한 것이었다. 그리고 이러한 변화는 단일한 법률관료제 창설의 서막을 알렸다. 동시에 1862년 개혁은 "각각의 인정된 종교집단에 대해 하나의 코드"라는 원칙에 따라 복수의 개인 식별 번호를 공포했다. 이것을 쿠글(Scott Alan Kugle)은 다음과 같이 간단명료하게 표현했다. "이러한 것은 힌두교도와 무슬림의 분리를 봉합했고, 더 나아가 무슬림 공동체를 각각 고유한 계율을 가진 '종파'로 쪼개놓았다."[63] 1857년 이후의 시기는 법적인 영역에서 무굴제국의 정치체제와 영국의 지배 사이에 현격한 차이가 있음을 보여주었다. 무굴제국의 정치체제는 비-무슬림 공동체에 대하여 "공동체가 공공의 종교적 행위를 일정하게 규제하고, 세금으로 재정적 보상을(댓가를) 치르게 한" 각각의 공동체가 "각자의 고유한 전문가를 통하여 구성원에게 고유한 법을 집행할 수 있도록" 허용하는 정책을 취했다. 영국의 지배와 가장 다른 점은 "무굴제국의 정치체제가 단 한번도 비-무슬림 공동체에 대하여 일종의 공동체 법을 집행하는 국가적 기획을 시도하지 않았다"[64]는 것이다. 무굴인들이 관계를 맺은 공동체가 오스만인과 마찬가지로 역사적으로 규정된 공동체였다면, 영국인들은 공동체의 정체성을 적극적으로 규정하고 만들어나갔다.

1857년 이후 원주민들은 매 시기 정치적 필요에 따라 분류되고 재분류되었지만, 이러한 분류는 항상 문화적 차이와 세계주의적 관용의 언어로 이루어졌다. 이주민들은 원주민들을 규정하고 그럼으로써 포박했는데, 진보의 위협으로부터 그들의 진본성을 보호한다는 명목에서였다.

바로 이러한 맥락에서 인구조사를 일종의 정치적 고안물로, 좀더 정확히 말하자면 정치적 의제의 기술적 보완으로 간주할 수 있다. 인구조사는 국가정책의 대상, 즉 국가정책이 겨냥하는 목표가 되고 보호해야만 하는 대상을 지목했다. 1857년에 "전사 인종들"(martial races) ── 더크스(Nick Dirks)의 말을 빌리자면 '매콜리가 과장을 섞어 비난했던 나약한 벵갈인들'[65] ── 이 분류되어 나왔다. 1872년에 실시된 10년 주기 인구조사는 인도 사회를 카스트라는 단일 정체성을 최우선 기준으로 분류했다. 이때 카스트는 마을, 인종, 그리고 종교라는 보다 큰 세팅의 하위 영역으로 간주되었다. 이러한 보호체제는 몰리-민토 개혁으로 잘 알려진 1909년의 인도의회법(Indian Councils Act)에 의거 출범되었다. 처음에는 지방과 중앙의 입법기관에서 각각 별도의 유권자가 만들어졌다. 의회에는 무슬림을 위한 별도의 의석들이 마련되었을 뿐만 아니라, 이러한 보호정책은 또다른 보호정책을 수반했다. 이 의석을 둘러싼 경쟁에서 선거권을 행사하는 사람들은 오로지 무슬림으로만 제한되었던 것이다. "무슬림만이 무슬림을 대표할 수 있으며, 무슬림의 이해관계를 지킬 수 있다"라는 전제는 "향후 수십 년 간의 인도의 정치생활을 형성할 것이다".[66] 시간이 지나자, 카스트 정체성이 비-브라만 계급에 대한 쿼터제와 보호정책의 토대가 되었다. 또한 카스트 정체성이 종족과 무슬림을 대신하여 선거대의제, 정부의 일자리, 교육기관의 입학 공문서에 기재되었다. 1857년 이후, 역사학 대신 인류학이 식민지적 지식 및 지배의 주요 방식으로서 들어섰다는 더크스의 논지는 적절하다. 인류학적 지식 및 지배방식이 19세기 말 20세기 초 인도에서의 민족지적 국가(ethnographic state)를 창출했다는 것이다.[67] 식민지 사회를 정적인 것으로 특징지음으로써 식민지 사회의 사회적 변화를 억제하기 위해 모든 노력이 쏟아졌다. 그리고 이런 노력이 곧 사그라져버릴 것만 같은 소수집단에 대한 **보호**

로서 정당화되었던 것이다.

19세기 말, 메인의 저서가 인도 공직자들이 읽어야 하는 필수 도서가 되자, 그의 영향력은 매우 낮은 차원의 행정 조직에까지 미치게 되었다. 인도의 라이얼, 말레이 국가의 스웨튼햄, 아프리카 식민지의 크로머 경, 루가드 경, 셉스톤, 맥마이클 등의 행정가들의 업적에서 메인의 영향이 두드러지게 나타났다. 말레이 국가의 예를 통해 좀더 자세히 살펴보자.

말레이 반도, 문명화된 원주민과 토착 원주민의 구분

스웨튼햄은 말레이에서 보호체제를 가동한 인물이었다. 이 체제는 두 종류의 서로 다른 원주민, 즉 토착 원주민과 문명화된 원주민에 대한 정의를 뒤바꾸었다. 말레이 국가의 영국 식민지화 시작을 알렸던 1874년 팡코르(Pangkor) 조약에서, 말레이인은 "일상생활에서 말레이어를 구사하고, 이슬람교를 믿고 있으며, 말레이 관습을 따르는 사람"으로 공식적으로 규정했다. 이 정의는 현재 말레이 헌법 제160조에 그대로 간직되어 있다.[68] 공식적 선언은 두가지를 의미한다. 첫째, 다수의 이주민 무슬림들에게는 말레이 정체성으로의 동화를 허용한다. 그 결과, 이슬람 이주민들이 먼 곳에서 이주했든 가까운 곳에서 이주했든 ─ 주변의 네덜란드령 동인도제도로부터 시작하여 아랍 반도에 이르기까지 어디서 이주했든 — 말레이어(바하사 bahasa) 와 관습(아다트 adat)을 받아들임으로써 마숙 멜라유(masuk Melayu, "말레이인이 되다")가 가능해졌다.[69] 둘째, — 그리고 이것은 전자와는 정반대의 결과를 초래한다 — 그 당시까지만 해도 무슬림 말레이인과 마찬가지로 그저 말레이인이었던 비-무슬림은 토착 원주민으로 바뀌었다. 이는 오늘날까지 유지되고 있다.[70] 이전에는 그럴 필요가 없었는데, 왜 이 시점에 말레이인을 규정해야 할 필요가 생겨난 것일까? 답은 정치의 영역에서 찾을 수 있다.

비-무슬림 부족을 "토착 원주민"으로 규정하는 것은 말레이 비상사태(Emergency. 1948~60년간 지속된 말레이와 영국 식민군대와의 전쟁 — 옮긴이) 이전까지 없던 일이었다. 비상사태 이전에 인류학자들과 행정가들이 여러 부족들을 부르기 위해 채용했던 수많은 용어들은 일종의 인종주의적 이름짓기(naming) 게임이었다. 예를 들어, 일부는 거주 지역의 이름을 따서 오랑 홀루(Orang Hulu, 상류 종족), 오랑 다라트(Orang Darat, 내륙 종족), 오랑 라우트(Orang Laut, 해안 종족)라는 이름을 붙였다. 다른 일부는 생물학적인 특징을 강조하는 이름이 붙여졌다. 예를 들자면, 오랑 베시시(Orang Besisi, 비늘 종족), 오랑 만투라(Orang Mantura, 노래를 부르는 종족)라는 이름이 그러했다. 노골적으로 경멸의 의미가 들어간 종족 이름붙이기도 있었다. 오랑 마와스(Orang Mawas, 원숭이 종족), 오랑 라이어(Orang Liar, 문명화되지 않은 자유로운 종족), 오랑 지낙(Orang Jinak, 길들여진 혹은 노예 종족)이 대표적이다.[71]

다양한 종족들에게 단일한 이름을 붙여야 하는 필요성은, 제국주의 전쟁과 동일한 시기에 발생한 반식민주의 반란이라는 맥락에서 제기되었다. 영국의 전략은 반란군을 촌락과 산림의 거주민으로부터 분리하는 것이었다. 1941년 일본의 말레이 침략 이후에 다수의 부족집단이 정글로 피신하여 말레이 인민군(Malayan People's Army)과 함께 살았다. 말레이 인민군은 공산당이 이끄는 게릴라군으로, 일본군에 대항하여 효과적인 저항을 했던 유일한 집단이었다. 영국인들은 공산주의자들에 대항하면서 반란 진압 작전을 펼치는 가운데, 농촌과 정글 거주민들의 도움을 받았다. 이때 영국인들은 이 부족들을 "애보리지널"(aboriginal)로 선언하면서 그들을 조력자로 지목했다. 이 부족들이 본래의 지역으로 재정착하는 것과 동일한 시기에 60만 명 이상의 중국 이주민들이 "새로운 촌락"으로 또다시 이주해왔다. 오랑 아슬리(Orang Asli. 원래의 원주민, 즉 애보리지널이라는 뜻—옮긴이) 담당 부처(JHEOA)가 1950년에 창설되었고, 오랑 아슬리에 관한 최초의 법이자 주요 법인 애보리지널 인민조례(Aboriginal People's Ordinance)가 1954

년도에 효력을 발했다. 이러한 과정은 독립 이후에도 지속 되었는데, 서로 다른 세가지 정치적 정체성, 즉 말레이인, 애보리지널, **부미푸테라**(bhumiputera. 말레이족과 동남아시아 토착 민족을 가리키는 용어 — 옮긴이)를 만들어냈다.

1957년 독립 당시 말레이시아에 수립된 정치질서는 두 집단의 말레이인, 즉 무슬림("말레이")과 비-무슬림("오랑 아슬리")을 구분했다. 이러한 두개의 범주는 인종 사다리의 서로 다른 계단과 각각 동일시되었다. 무슬림 말레이인은 '종교로 문명화된 원주민'으로 공식 인정되었다. 이에 반해 오랑 아슬리, 즉 애보리지널 원주민은 문명의 사다리에서 가장 낮은 계단에 소속되었다. 문명화된 원주민들은 외국 태생임을 밝히는 것을 꺼리지 않았다. 외국 태생이라는 점이 결과적으로 그들의 지배권을 확실하게 해주었기 때문이다. 이에 반해 오랑 아슬리의 완벽한 토착민(아슬리) 지위는 이들이 신민으로 적합함을 의미했다.[72] 이러한 체제는 1969년의 인종폭동 이후에 다시 체계화되었는데, 이를 폭넓게 이해하자면 국민국가적 사회경제체제에서 말레이인이 차지했던 주변성(marginality)의 표현이었다. 1971년의 신경제정책은 **부미푸테라**("대지의 아들")로 간주되는 사람들에 대한 특권을 언급했다. 이때의 부미푸테라는 말레이인, 오랑 아슬리, 여러 **프리부미**(pribu-mi, 원주민) 집단에 이르는 다양한 집단을 지칭하는 것이었다. 이후 "민감한" 이슈에 대한 공적인 토론을 범죄로 규정하는 헌법개정이 단행되었다. 법률상에서 말레이인의 특권적인 지위, 말레이 술탄의 역할, 공식어로서의 말레이어의 위상, 국교로서의 이슬람교에 대한 문제를 공공연하게 토론하는 것, 달리 말해 말레이의 특권을 문제시하는 것이 금지되었다.[73]

인도네시아, 아다트(adat)와 종교법의 구분

메인 경의 시대가 끝나고 수십년이 지난 다음, 아랍 및 이슬람 연구자 네덜란드인 휘르흐로녜(Christiaan Snouck Hurgronje, 1857~1936)가 등장했다. 그러나 그의 사고는 메인 경의 사고와 크게 다르지 않았다. 메인이 그랬던 것처럼 휘르흐로녜 역시 위기가 몰고 온 충격 속에서 연구서를 저술했다. 당시 제국주의 권력은 19세기의 3/4분기쯤부터 수마트라 섬 북부의 아체(Aceh)에서 시작되어 30년 동안 지속된, 이슬람 봉기의 깃발을 높이 치켜든 반란에 직면했다. 영국 정부는 이를 어떻게 다룰지 휘르흐로녜에게 전문가 자문을 구했다.[74] 이러한 상황에서 그는 1891년 새로이 창설된 원주민 및 이슬람 관할 자문직(office of Advisor on Native and Islamic Affairs)에 임명되었다. 휘르흐로녜가 밑그림을 그린 정치적 방향 전환은 관습(아다트 adat)의 법

52

제화를 포함한 극적인 정책 변화를 이끌어냈다. 물론 이러한 변화는 그가 공직에서 물러난 후 식민지 통치자였던 볼렌호벤(Cornelis Van Vollenhoven, 1874~1933)의 주도로 이루어진 것이 사실이다. 그렇지만 휘르흐로녜의 분석적 통찰력이 없었더라면 아체전쟁을 성공적으로 마무리한 정책 변화를 이끌어낼 수 없었을 것임에 틀림없다.

1891년 아체에 도착한 휘르흐로녜가 "이 나라의 정치 상황에서 종교적 요소의 역할에 대한 특별한 연구를 시작"했을 때, 네덜란드 당국은 도저히 끝날 기미가 보이지 않는 전쟁을 18년째 지속하고 있었다.[75] 그는 두가지 측면에서 중요한 기여를 했다. 그가 "전통"이라고 이름 붙인 세속적인 역사로부터 이슬람교를 구별해내었고, 이슬람교와 역사를 두개의 분리된 위계로 간주하고 그것에 대해 각각 별도의 관리자를 확정한 것이었다. 식민지 관리들은 후일 그렇게 할 필요가 있을 때 양자를 서로 대립시키는 방식으로 이용했다. 양자 분리의 핵심은 누가 적이고 누가 친구인지 식별해 그들을 서로 분리하는 것을 토대로 한 반봉기 기획이었다.

휘르흐로녜는 자신의 고전적 저작인 『아체족』(*The Achehnese*)에서 관습법(아다트)과 이슬람 종교법(후쿰 hukom) 사이의 이분법을 발전시켰다. 휘르흐로녜는 아다트라는 개념을 "이슬람법에서 언급되지 않는 일상적인 의식 혹은 관습을 일컫는 아다(ada)"라는 아랍어로부터 만들어냈다. 그는 아다트를 "관습" 혹은 "전통"이라는 의미로 사용했다.[76] 아다트가 세속적인 용어라면, 후쿰은 그렇지 않다. 후쿰은 성문화되어 있어 쉽게 확인 가능하지만, 아다트는 성문화되어 있지 않아서 식별해내기가 쉽지 않다. "말레이 인종이 도달한 정도의 문명화 수준을 지닌 나라들에서 가장 중요한 법들이라고 할 수 있는 것은 성문화되어 있지 않더라도 속담이나 친숙한 격언의 형태로 표현되기도 한다. 또한 언제나 그리고 무엇보다 일상생활에서 실제로 발생하는, 우리 모두가 쉽게 이해하는 여러 사건들에서 표현되기도 한다. 그런데 우리는 이것을 일반적인 규칙으로서 충분히 고려하고 있지 않다. (…) 우리는 고통을 동반한 학술 연구를 거친 다음에서야 비로소 이러한 법에 다다를 수 있다."[77] 아다트가 변화한다면, 후쿰은 교조적이다. "개인의 변화 가능성과는 대조적으로 아다트는 개인이 개입할 수 없는, 변함없고 뒤집을 수 없는 어떤 것으로 스스로를 드러낸다. 그러나 아다트는 모든 다른 세속적인 것들과 마찬가지로 세대를 거듭함에 따라 변화한다. 아니, 단 한순간도 정지한 상태로 머물러 있었던 적이 없다. 보통 사람들보다 지적 수준이 높은 원주민들조차 이러한 사실을 잘 알고 있고, 그들 자신의 목적을 위해 이러한 사실을 이용한다."[78] 몇쪽 뒤 휘르흐로녜는 매우 단호한 어조로 요점을 다시 정리했다. "가장 원시적인 사회와 그것을 다스리는 법조차도 정지한 상태로 머물러 있는 경우는 결코 존재한 적이 없다는 것을 명심해야만 한다."[79] 휘르흐로네가 그려 낸 바에 따르면, **아다트**가 현장에서의 즉각적인 반응성을 반영한다면, 이슬람의 종교법은 비세속적이고 불변의 것이다. "(…) 모하메드의 법은 실제 재판 행정에 적용하기에 적합하지 않다. 다른 이유들도 있겠지만, 그것은 범죄의 적발을 상당히 방해하며, 증인에 대해 불가능한 요구를 부과하며, 역사적 변화를 인지해내지 못한다."[80]

　휘르흐로네가 지적한 대로, 아체와 동인도제도에서의 문제는 두가지 유산, 즉 관습적 유산(**아다트**)과 종교적 유산(**후콤**) ── 전자가 유연하다면, 후자는 교조적이다 ── 이 시간이 흐르면서 서로 뒤엉켜 한 덩어리로 되었다는 점이다. "우리는 지금까지 종교법인 **후콤**과 관습인 **아다트**가 서로 불가분으로 결합되어 있고, 상호 협력이 필수불가결하며, 그것이 아체에서의 생활의 기본을 형성하고 있음을 살펴보았다." 휘르흐로네는 이러한 "불가분의 결합과 필수불가결한 협력"이 만들어내는 긴장에 대해 다소 특이한 사고방식을 시사한 바 있다. "이와 동시에 우리가 끊임없이 거론해온 것은 **아다트**가 여주인의 역할을 하고 **후콤**이 여주인에게 종속된 노예의 역할을 하고 있다는 점이다. 그러나 **후콤**은 기회가 있을 때마다 자신의 종속적 처지를 벗어

나려고 스스로에게 복수를 감행한다. **후콤**의 대변자들은
이와 같은 굴종적인 지위에서 벗어나려고 호시탐탐 기회
를 노린다."[81]

휘르흐로네는 **아다트**와 **후콤** 사이의 "불가분의 결합"을
해체할 방법을 모색했다. 그는 두가지 방식의 전략을 제안
했다. 한편으로 **아다트**의 개혁을 요구했지만, **후콤**의 개혁
을 요구하지는 않았다. 이런 차별화된 전략은 다음과 같은
차별화된 정책의 결과임에 틀림없다. 그는 네덜란드인에
게 이슬람 학자(울라마 Ulama)와 관습에 따른 부족장(울레
발랑 Uleebalang)을 구분할 것을 요청하면서, 네덜란드 제
국주의 권력이 이슬람 울라마에 반대하는 **아다트** 부족장(울
레발랑)을 지원할 것을 지지했다. "울레발랑은 (⋯) 한 국
가의 군주가 아니다. 그들은 한 지역의 탁월한 부족장이
다."[82] 휘르흐로네는 종교법을 개혁하고자 하는 그 어떤 시
도도 정치적 파멸로 귀결될 것이라고 경고했다. 왜냐하면
그것은 울레발랑 부족장들의 기반을 약화시킬 것이기 때
문이었다. "종교적 정신에 의해 운영되는 국가의 제도들에
대한 개혁은 그것이 어떤 것이든 울레발랑에게서 모든 것
을 빼앗아 갈 것이다. 현재는 부족장들이 재판 행정 전반
을 여전히 장악하고 있으며, 그들의 주요 세입원이다. 이
러한 상황에서 설사 아체족의 민족적 특성에 맞추어 일이
진행된다고 해도, 그러한 개혁은 재판 행정에 대한 그들의

56

통제권을 전적으로 앗아갈 것이 분명하다. (…) 따라서 부족장들이 '종교의 옹호자들'의 부상을 속으로 못마땅하게 여기면서 경계의 눈초리로 지켜보는 것도 놀랄 일은 아니다."[83] 앞으로 전진하기 위해서는 **후콤**이 아니라 **아다트**와 협상해야 한다는 사실을 깨달아야만 한다. "두가지 범주 중 첫번째에 속하는 모든 것은 선량한 모하메드 추종자라면 누구나 무조건적으로 인정하지 않을 수 없는 것이다."[84] 휘르흐로네의 정치적 기획은 두가지로 구성되어 있었다. **아다트**를 개혁하고 동시에 후콤을 물화하는 것이 바로 그것이다.

아다트는 참여와 개혁의 대상이 될 수 있었다. 그러나 후콤은 근대 권력에 대한 대립과 종속의 대상일 수밖에 없었다. 휘르흐로네의 표현을 빌리면, "주변 상황이 네덜란드 국가로 하여금 아체족에게 이러한 근대적 교리를 각인시키는 임무를 부여했다".[85] 휘르흐로네는 아체족 안에 네덜란드인에 대한 우호 세력과 적대 세력 모두가 존재하고 있다고 확신했다. 그리하여 네덜란드인이 해결해야 할 도전적인 과제는 잠재적인 우호 세력, 상세히 말하면 (점령 권력과 "동일한" 이해관계를 갖고 있는) **울레발랑** 및 대중과 연대를 맺고, "울라마에 의해 선동된 불만 가득한 광신도들"[86]이라는 소수 집단을 고립화하는 데에 있다고 보았다. 그는 이슬람교와 **아다트**가 현실에서 얼마나 밀접하게 서로 엉켜 있는지에 대해서는 조금도 신경 쓰지 않았다. 그리고 네덜란드인은 이러한 결합을 해체하고 각각을 순수한 형태로 드러내는 것 말고 다른 방도가 없다고 주장했다. 휘르흐로네는 이렇게 함으로써 자신이 태고 이래 존재해왔다고 주장한 바 있는 반대파를 창안해내는 작업을 마무리지었다.

다른 한편으로 — 그리고 이것은 그의 두가지 전략 중 두번째 부분이었다 — 휘르흐로네는 네덜란드인에게 종교로서의 이슬람과 정치 이데올로기로서의 이슬람을 구분할 것을 요청했다. 동시에 이슬람 평신도가 일차적으로 종교적 관용에 대한 확신을 가질 때, 비로소 후자를 고립화할 수 있다고 네덜란드 당국에게 권고했다. 휘르흐로네의 주장에 따르면, 적은 종교로서의 이슬람이 아니라 정치적 교리로서의 이슬람이라는 것이다. "이슬람의 발생과 초기 발전을 둘러싼 주변 상황은 이슬람을 탁월한 전투적 종교로 만들었다. 이러한 전투적 종교의 목표는 다른 신앙을 가진 사람들 모두를 개종시키고, 개종하지 않은 사람들이 있다면 그들을 종속된 신민으로 전락시키는 것이다. 율법이 점차 모습을 갖춰가는 것에 발맞추어, 율법의 가르침은 성전에 참여하는 두가지 의무를 내용으로 포함하게 되었다." 첫번째 의무는 "부족장의 명령에 따라, 종교 또는 적어도 무슬림의 주권을 무력에 기반하여 모든 다른 사람들에게 확산시키는 것이 공동체 전체의 연대 의무다". 두번째 의무는 "적대적인 비-무슬림의 **공격**에 대항하여 최선을 다해 조국을 방어하는 것으로서 모든 전사에게 부여된 개인적 의무다. 이러한 의무는 어떤 경우에는 모하메드를 섬기는 나라의 비-전사 거주자들에게도 부과된다".[87]

이슬람에 대한 이러한 이중적인 이해에 기초하여 휘르흐로녜는 종교의 관용을 보장하되, 이념적 성향의 이슬람 정치운동을 가차 없이 억압하라고 권고했다. 그는 종교생활에 대한 중립정책은 평화와 안정의 성공적인 구축을 위해 반드시 필요한 전제 조건이라고 주장했다. 결국 관용과 경계라는 쌍둥이 정책의 단호한 적용은 이슬람 광신주의로부터 영향을 가장 적게 받은 사회 요소들, 즉 외(外)섬(인도네시아의 자바섬을 뺀 다른 섬. 수마트라, 칼리만탄, 술라웨시, 소 순다열도, 말루카성 등을 포함—옮긴이)의 **아다트** 부족장과 지배자, 그리고 자바섬의 전통귀족에 대한 네덜란드인의 지지나 격려와 밀접히 연관되어 있다. 이러한 과정에서 휘르흐로녜는 네덜란드 지배를 묵인하는 사람들에 대한 종교적 관용과, 묵인하지 않는 사람들의 반란에 대한 잔혹한 진압을 하나의 쌍으로 묶어내는 정책에 대한 분석적 설명을 제공했던 것이다.[88] 이것이 휘르흐로녜가 "유럽의 '선량한 무슬림'"을 그들의 정치적 적대자인 무슬림으로부터 구별해내는 정책을 선구적으로 만들었다고 평가할 수 있는 이

유다.[89]

그렇다면, 일상의 행동을 규제하는 종교법과 관련하여 종교적 관용은 실제로 어떤 의미를 지니는가? 휘르흐로네는 관용의 틀이 아다트 부족장의 리더십을 통해 종교법에 대한 아다트의 우위를 보장하는 권력관계에 의해 형성될 필요가 있다는 점에 대해서는 의심하지 않았다. "아다트(관습법)와 후쿰(종교법)은 모하메드를 섬기는 선량한 국가에서 나란히 각자의 위치를 지켜야만 한다." 보다 구체적으로 "그들 삶의 대부분은 아다트의 통치를 받아야 하고, 아주 작은 부분만 후쿰의 통치를 받는 방식"을 권고했다.[90]

휘르흐로네의 선구적인 저작들은 이후 볼렌호벤이 아다트 법에 대한 연구를 일종의 정규 "학문"으로 변모시키는 데 밑거름이 되었다. 휘르흐로네와 볼렌호벤은 네덜란드령 동인도제도의 간접지배에 대한 선구자였다. 볼렌호벤은 휘르흐로네의 유산을 계승하여 자신의 사고를 구축했다. 식민지 장관이었던 이덴버그(Idenberg)는 1904년 동인도제도의 모든 거주민들("유럽인", "원주민", "외래동양인"(foreign Oriental, 중국인, 아랍인, 일본인 등을 가리킨다―옮긴이))을 위한 단일한 법을 제정하자는 취지의 법안을 제출했다. 이 법안을 둘러싼 전투에 볼렌호벤이 뛰어들었다. 볼렌호벤은 동인도제도에서 네덜란드의 문명화 영향력이 법의 서구화를 이끌어내지 않으면 안 된다는 지배적인 견해에 맞서 법적 다원주의를 주장했다. 1906년에 간행된 관보에 따르면, 이 법안은 여러번에 걸쳐 개정되었지만, 단 한번도 아다트로서 시행되지는 않았다. 이 법안은 계속해서 식민지에서 핵심적인 법적 논쟁의 대상이 되었다. 볼렌호벤은 1907년에 인도네시아에 도착하여 아다트 법(adatrecht, 아다트레히트)을 법제화하는 데 남은 생을 바쳤다. 볼렌호벤은 서구법과 "동양 법제도"(Oriental legal institutions)를 구별하려는 노력을 기울였다. 이 과정에서 그는 "동양 시민법"(Oriental popular law) 같은 여러 용어들을 시험한 끝에 아다트레히트(adatrecht, recht는 네덜란드어로 법―옮긴이)라는 용어를 고안해냈다.[91]

네덜란드인들은 후쿰 아다트라는 개념을 만들어냈다. 볼렌호벤과 그의 학파가, 서구의 법학자들이 원주민 관습의 법적 측면으로 여겼던 것을 법제화하기 시작하기 전에는, 아다트 법은 분리된 독립적 실체가 아니라, 역사적·신화적·제도적 환경의 통합적 구성 부분이었다. 볼렌호벤은 아다트레히트로 명명된 기획의 목적이 무엇인지 명확히 의식하고 있었다. "우리의 목적은 법학을 위해 아다트 법을 연구하는 것이 아니며, 아다트 진서(adat-curiosa)를 보존함으로써 인도네시아의 발전을 지연시키고자 하는 것은 더더욱 아니다. 우리의 목적은 유용한 정부와 사법부를 이론상이 아니라 실제로 만들어내는 것이다. 이러한 목적의 실현은 토착 법과 토착 개념을 철저하게 알지 못한다면 꿈도 꿀 수 없을 것이다."[92] 따라서 아다트레히트의 진정한 의미를 충분히 이해하기 위해서는, 그것을 일종의 정치적 기획으로 볼 필요가 있다.

1931년 휘르흐로녜는 베르베르족의 관습법을 법제화하는 문제에 대해 프랑스 정부에 자문해주었다. 같은 해 그는 레이덴에서 열린 오리엔탈리스트 국제회의(International Congress of Orientalists)의 의장으로서 회의를 주재하기도 했다. 인도네시아에서 볼렌호벤이 휘르흐로녜가 구상했던 기획을 이미 현실에서 완성한 이후였다. 이런 전례를 따라 베르크(Jacques Berque)는 모로코에서 베르베르 관습법 시행을 위한 기획을 완성했다.[93]

메인과 마찬가지로, 휘르흐로녜 역시 외부로부터 오는 역사적 영향을 불순한 것으로 간주했다. 그들은 서구에서는 우세했던 진보라는 명제에 대해 전혀 개의치 않았다. 그들은 내적인 것으로부터 외적인 것을 구분해내기 위해 필요한 만큼 역사 속으로 되돌아가려는 의지를 불태웠다. 명분은 전통을 규정하고, 그것을 재건하고 보존하겠다는 것이었다. 결과적으로 동인도제도는 유럽인, 외래동양인, 원주민을 위한 분리된 법에 의해 관리되었다. 이러한 씨스템은 1945년 인도네시아 공화국이 독립할 때까지 유지되었다.

　1857년 이후의 인도에서 영국인이 그랬던 것처럼 네덜란드인들도, 유명한 로마의 "분리와 지배"를 한걸음 더 넘어서는 제국의 전략을 구사했다. 간접지배 이론가들 ── 메인과 휘르흐로녜 ── 은 지정학을 일종의 고정된 무대 세트로 연출하지 않았다. 그들은 국경, 당국, 대중의 주체성을 불변의 상수로 수용하지 않았던 것이다. 뒷장에서 20세기 아프리카 식민지를 다루면서 보게 되겠지만, 그들은 국경, 당국, 주체성 같은 모든 것을 재협상하려 들었다. 그들은 고정된 무대 세트인 기존의 엘리트로부터 전체로서 주민에게로 관심을 이동시켰다. 간접지배의 설계자들은 주체를 재형성하여, 주체의 담지자들을 재결합시키겠다는 거대한 야망을 품고 있었다. 그것은 더이상 분리와 지배(divide and rule)가 아니었다. 그것은 규정과 지배(define and rule)였던 것이다.

제2장

원주민성: 실제

오늘날 헨리 메인 경은 어떤 의미를 가질까? 필자의 듀보이스 강연 이후 만테나(Karuna Mantena)는 자신의 저서에서[1] 메인을 근대 서구사상의 흐름 속에 위치 지으면서, 그가 19세기 중반 제국의 위기 이후 식민지 지배에 대한 정당화를 재정립하는 데 핵심적인 역할을 했다고 평가했다. 만테나는 재정립된 정당화 담론을 가리켜 "알리바이"라고 불렀다. 만테나가 간접지배 이론가로서 메인에 대해 가지는 관심에 필자도 관심이 있다. 만테나의 관심에 동의를 표한다. 그러나 필자는 다른 두가지에 더 관심이 있다. 하나는 간접지배의 실제를 푸꼬(Michel Foucault)가 명명한 "통치성"(governmentality)의 한 형식으로 이해하는 것이다. 또다른 하나는 식민지 권력에 대한 피식민지인들의 이론적이고 실제적인 반응이다. 이론적 반응은 학자들이, 실제적인 반응은 국가경영의 지도자들이 보여준 것을 말한다.

메인의 의미는 이러한 "알리바이"—법과 정치형식의 진화론(메인은 이러한 이론을 처음으로 정리한 사람은 아니다)—보다는 새롭고 근대적인 지배기술을 처음으로 주장한 사람이라는 사실에 있다. 간접지배는 차이에 대한 이해와 관리에 관한 것이다. 메인의 관점에서 본다면, 1857년은 직접지배, 문명화 사명, 그리고 식민지 엘리트를 겨냥한 동화(assimilation) 기획의 위기에 대한 확인이었다. 이러한 동화주의적 기획의 고전적인 예는 로마제국이었다. 영국은 물론 프랑스도 결국에는 로마제국의 모델을 따랐다. 직접지배와 달리 간접지배가 목표로 삼은 것은 관습으로서 차이의 재생산이었지, 야만성으로서 차이의 제거는 아니었다. 더크스는 이를 "민족지적 국가"(ethnographic state)로 명명했다. 이러한 국가는 차이를 인정하는 방법으로 인구조사를 실시할 뿐 아니라, 차이를 형성하고 때로는 차이를 만들어내기 위한 방법으로서도 실시했다. 식민지 권력은 1857년 이후 식민지 주체성을 정의하는 데 초점을 맞추었던 것이다. 필자가 이 책의 제목을 '규정과 지배'로 정한 것도 이 때문이다.

간접지배의 실제는 언어의 변화를 수반했다. 배제(exclusion, 문명인과 비문명인)에서 포용(inclusion, 문화적 차이)으로 바뀐 것이다. 다원주의와 차이의 언어는 식민지 경험 속에서 그리고 식민지 경험을 토대로 탄생했다. 차이를 관리하고 재생산하려는 기획에서 법은 핵심적인 지위를 차지한다. 식민화된 사회의 정체성은 (전통사회에서와 같이) 단순히 사람들의 합의에 기반하지 않는다. 그것은 위로부터, 다시 말해 법에 의해 강요되기도 한다. 이와 동시에 법은 합의 바깥에 위치하지 않는다. 법은 합의를 형성하는 데 참여한다. 메인이 선구적으로 작업한 통치성 형식을 이해하기 위한 핵심 열쇠는 법과 주체성 간의 관계를 이해하는 것이다.

직접지배와 간접지배는 식민지 거버넌스 발전에서 연속된 두개의 과정이 아니다. 직접지배에서 간접지배로 강조점이 옮겨갔을 때에도 양자는 여전히 병렬적으로 존재했다. 다시 말해 문명화 사명(동화)이 차이의 관리(다원주의)와 나란히 존재했던 것이다. 문명화 사명이라는 언어가 기독교적 의미에서 세속적인 의미로 바뀌었고, 그것의 실제는 종교적 개종에서 법의 지배의 확산으로 넘어갔다. 그런데 문명의 보편적인 징표로서 시민법에 대한 요구가 관습법의 상이한 체계에 대한 인정과 함께 여전히 동시에 존재했다. 이런 식의 조합은 법적 혼성성(hybridity) 체계, 법적 다원주의, 그리고 다음과 같은 문제를 야기했다. 무엇이 법이고 무엇이 관습인가? 우리는 관습법으로 과연 무엇을 의미하고자 하는가?

제1장에서 필자는 직접지배가 문명화 사명을 수단으로 엘리트 집단을 동화하려는 목표를 세웠다면, 간접지배의 야망은 전체 주민의 주체성을 새로 만드는 것이라는 논지를 펼쳤다. 간접지배는 피식민지인들의 현재·과거·미래의 형태를 짓기 위해 엄청나게 노력했다. 그 방법은 그들을 원주민이라는 금형에 넣어 새로 주조하는 방식이었다. 인구조사로 일련의 정체성을 창안해 현재의 틀을 만들어내고, 새로운 역사서술에 대한 추동력으로 과거의 형태, 법적·행정적 기획으로 미래의 형태를 만들어내고자 했다.[2] 이러한 세겹의 노력을 통해 식민지 국가는 국가에 의해 강제된, 내부의 차별체계 — 식민지 국가는 이것을 전통의 보호막이라고 주장했다 — 를 창출했다. 식민지 국가는 이런 식으로 피식민지인 다수를 행정상의 편익을 위해 만들어진 수많은 정치적 소수집단으로 효과적으로 분할했다. 아프리카에서 이러한 정치적 소수집단은 부족이라는 이름으로 불렸다.

부족이란 무엇인가? 부족은 식민주의 이전에 어떤 형식을 띠고 존재했던가? 식민지 국가의 정치적 기획은 어떤 방식으로 부족을 만들었나? 이러한 것들이 필자가 이 장에서 질문하려는 주요 문제들이다.

근대 국가는 시간에 맞서기 위해 노력을 다한다. 그리하여 근대 국가는 과거와 미래를 만들어내려 한다. 과거의 생산이 역사서술이라는 사안이라면, 미래의 확보는 입법의 영역이다. 양자 간에는 전략적인 연대가 존재한다. 다시 말해 법은 현재와 과거에서 행위주체의 정체성을 규정한다. 집단정체성을 개인 주체에게 강제함으로써 법은 집단생활을 제도화한다. 법이 집단생활을 어떻게 재현하는지에 대한 대표적인 사례는 인구조사에서 확인할 수 있다. 1857년 이후 인도에서 피식민지인을 대상으로 법이 강제한, 인구조사가 기록하고 역사가 기억한 것은 집단에 바탕을 둔 3개의 정치적 정체성이었다. 카스트, 종교, 부족이었다. 베를린 회의(Berlin Conference. 베를린에서 열린 아프리카 분할회의―옮긴이) 이후 아프리카 식민지에서의 집단생활은 두개의 정치화된 정체성을 중심으로 원을 그리며 움직였다. 인종과 부족이었다.

인종(race)과 부족(tribe)

정치적 정체성이 법의 강제에 의해 어떠한 방식으로 정의되는지 이해하기 위해서, 20세기 전반 간접지배 식민지의 예를 아프리카에서 찾아보자. 대부분의 아프리카 식민지에서 인구조사는 주민을 두개의 광범위하고 종합적인 집단으로 분류한다. 인종과 **부족**이다. 인종과 부족의 구별은 식민지 지배기술을 이해할 수 있는 열쇠를 제공한다. 필자는 20세기 서로 다른 아프리카 식민지에서 이루어진 인구조사 결과를 바탕으로, 네개의 서로 연관되어 있는 관찰을 통해 인종-부족의 구별이 어떤 식으로 거버넌스에 이르는 열쇠의 역할을 수행했는지 밝히고자 한다.

첫번째 관찰. 인구조사는 국민을 두 종류의 집단으로 나누었다. 한 집단은 인종, 다른 집단은 부족이라는 이름이 붙여졌다. 인구조사에 응하는 사람이 성명을 기입하면, 그는 특정 인종의 일원이 되거나 아니면 특정 부족의 일원이 되었다. 그런데 무엇이 한 사람을 특정 인종이나 특정 부족에 속하게 만들었을까? 구분선은 식민지 지배자와 피식민지인 사이가 아니라, 원주민과 비원주민 사이에서 그어졌다. **비원주민**에게는 **인종**이라는 명칭이 붙여졌고, 원주민은 **부족**으로 분류되었다. 아프리카에서 비토착민이라고 공식적으로 범주화된 모든 사람들은 **인종**이라는 명칭으로 불렸다. 그들은 논박의 대상이 될 수 없는 외래인(유럽인, 아시아인)이었을 수도 있고, 공식적 명칭(아랍인, 컬러드 Colored, 투치족)의 결과로 외래성이 생겨났을 수도 있다. 이와는 대조적으로 기원상 토착민으로 정의되는 모든 사람들은 **부족**이었다. 이것은 식민지 지배자와 피식민지인 사이의 구분을 강조하지 않는다. 오히려 인종-부족 사이의 구분은 토착민과 외래인을 정치적으로 구분함으로써 단일한 범주인 피식민지인을 갈라놓았다. 국가가 비토착민 인종을 토착민 부족으로부터 공식적으로 구분했다면, 이는 단 하나의 유일무이한 특성, 즉 **기원**에 주목하는 것이며, **거주**를 포함한 모든 연속적 발전을 완벽하게 무시하는 것이다. 이주의 전체적 역사를 모호하게 처리하는 방식으로 국가는 원주민을 역사의 산물이 아닌 지리의 산물로 묘사했다.

두번째 관찰. 인종-부족 구분은 직접적인 법적 의미를 지녔다. 어떤 개인이 인종의 일원으로 정의되느냐 혹은 부족의 일원으로 정의되느냐 여부는 법이 결정지었는데, 그는 그 법의 지배를 받으며 살아야 했다. 모든 **인종**은 단일한 법, 즉 시민법의 통치를 받았다. 그러나 시민법은 부족에게는 적용되지 않았다. 부족을 통치하는 것은 관습법이었다. 모든 부족을 원주민으로, 즉 하나의 인종화된 집단으로 통치하는 단일한 관습법은 결코 존재하지 않았다. 각각의 **부족**은 서로 다른 별도의 법체계에 따라 지배되었다. 따라서 부족의 수만큼 많은 관습법이 존재했다. 전통은 부족적인 것이라고 주장되었다. 그렇기 때문에 원주민이 일단 무엇보다 별개의 부족에 소속된 것으로 인정되어야만 했고, 각각의 부족은 그들 자신의 전통을 반영하는 법에 의해 통치되어야만 했던 것이다. 그러나 모두가 동의하듯

이 — 예를 들어 백인과 아시아인 같은 — 인종 간의 문화
적 차이는 부족 간의 그것보다 훨씬 더 크다. 첫째, 다른 인
종들은 서로 의사소통이 되지 않는 다른 언어를 사용했다.
때로는 인종에 따라 서로 다른 종교를 믿어왔다. 또한 그
들은 전세계 다른 곳에서 왔고 각자 자신들만의 역사기록
을 가지고 있었다. 그러나 부족은 서로가 아무리 다르다고
하더라도 이웃이며, 보통은 서로가 소통할 수 있는 언어를
사용했다. 또한 부족은 어떤 때는 역사를 공유했고, 어떤
때는 서로 중첩되는 역사를 갖고 있었다.

　필자의 주장을 간단히 정리하면 다음과 같다. 백인·아
시아인·아랍인이 그런 것처럼 인종들은 서로 다른 문화를
갖고 있더라도, 외부로부터 도입된, 식민지 맥락에 맞추어
수정된 — 이른바 시민법이라 불리는 — 단일한 유럽법의
통치를 받았다. 부족들은 그들의 언어가 유사하고 서로 의
사소통이 된다고 하더라도 종족적으로 정의된 원주민 당
국에 의해 관리되는, 이른바 "관습"법이라 불린 별도의 법
에 의해 통치되었다. 인종의 경우, 문화적 차이가 개별적
법적 체계로 전이되지는 않았다. 간혹 문화적 차이가 협상
될 때가 있었지만, 결국 단일한 법적 체계 안에 담겨졌고
단일한 행정 당국에 의해 강제되었다. 그러나 부족의 경우,
정반대의 상황이 벌어졌다. 부족 간의 문화적 차이는 다
시 강화되고 과장되었으며 서로 다른 법체계를 만들어냈

다. 각각의 법체계는 별도의 행정 및 정치 당국에 의해 강제되었다. 서로 다른 인종들이 공통의 미래를 갖는 것으로 해석되었다면, 서로 다른 부족은 그렇게 해석되지 않았다. 시민법과 관습법이라는 식민지의 법적 기획은 식민지 정치기획의 통합적 구성 부분이었다.

세번째 관찰. 두가지 법체계는 완전히 다른 방향을 향하고 있었다. 그 차이를 이해하려면, 영국의 보통법(common law)과 식민지의 관습법을 대조해보면 된다. 영국의 보통법은 상황에 따라 변할 것이라고 추정되었다. 이는 서로 다른 이해관계와 해석을 인정한다는 주장이다. 그러나 식민지에서 관습법은 정반대의 것을 가정했다. 다시 말해 관습법에서 법은 변화하는 환경에 따라 바뀌어서는 안 된다고 가정되었던 것이다. 오히려 변화는 훼손의 **명약관화**한 증거로 간주되었다. 법과 이를 강제하는 당국 모두에게 "전통적"이라는 명칭이 붙여졌다. 식민지 권력의 가장 큰 관심거리는 전통성과 진본성을 갖춘 대상으로서 원주민 동맹자와 신뢰를 구축하는 것이었다. 그들은 전통적 당국을 복수가 아니라 단수로 정의하고, 설립하고, 승인하는 데 몰두했다. 이 대목에서 아프리카 식민지들이 근대 초기 유럽과는 달리 절대주의 국가라는 정치사를 겪지 않았음을 생각해낼 필요가 있다. 이것이 의미하는 바는 규칙을 만드는 당국이 유일하지 않았으며 언제나 복수였다는 점이다. 모든 사회 영역에서 법으로 통용되는 명령을 발부하는 중앙집권화된 국가 기관 대신, 현실에서는 서로 다른 당국들이 서로 다른 사회생활의 영역에서 행해지는 관습을 규정했던 것이다. 부족장 외에도 여성집단·연령집단·씨족집단·종교집단 등으로부터 전통을 규정하는 자들이 나왔던 것이다.

일단 부족장이라 불리는 단일한 당국이 전통적 당국으로 승격되고 나면, 전통을 유일한, 상호 모순되지 않는, 권위적인 것으로 규정하기까지 그리 오랜 시간이 걸리지 않았다.[3] 연령과 성별이라는 두가지 특성에 주목하면 부족장의 권위가 가부장적인 것이 되는 것은 필연적이었다. "간접지배"의 동맹자들이 "관습적인 것"으로 인정받게 되자, 식민지 국가는 전통의 후견자이자 집행자가 되었다. 전통에 대한 강요는 식민지 권력을 공고히 하는 방법이 되었다. 식민지 권력이 근대 시기 최초의 정치적 근본주의자였다는 것은 사실이다. 식민지 권력이 다음 두가지 전제를 최초로 발전시키고 실행했기 때문이다. 첫째, 모든 피식민집단은 종교적이든 종족적이든 그들만의 고유하고 순수한 전통을 지닌다. 둘째, 모든 피식민집단은 그들만의 고유한 전통으로 회귀해야만 하며, 또한 이러한 회귀는 법에 의해 강제되어야 한다. 두가지 전제를 합치면, 그것은 식민지와 탈식민지 세계에서 모든 정치적 근본주의의 기본적인 플

랫폼이 된다.

네번째 관찰. 식민지 사회에서 차별 ── 시민법에서는 인종적 차별, 관습법에서는 부족적 차별 ── 을 제도화함으로써, 시민법과 관습법이 피식민지인들의 양분화를 재생산했다. 시민법은 문명의 언어와 권리의 언어를 결합해 문명화의 사다리에서 서로 다른 지위를 차지하고 있다고 여겨지는 여러 인종들의 권한으로서 권리의 위계를 창출했다. 시민법은 식민지의 **주인 인종**(유럽인)과 식민화된 **신민 인종**(아시아인, 아랍인, 컬러드 외 기타 등등)을 구분했을 뿐만 아니라, 전자를 우대하고 후자를 차별했다. 또한 피식민지인을 두개의 집단으로 나누고 원주민 부족에 비해 비원주민 신민 인종에게 특혜를 베풀었다.

법적으로 규정된, 피식민지인 사이에서의 첫번째 분리가 인종적인 것이었다면, 두번째 분리는 부족적인 것이었다. 관습법은 두 종류의 부족과 부족민, 즉 원주민과 비원주민을 구분했다. 그것은 기원(원주민성)에 관한 담론에서 권리의 근거를 ── 차별의 근거를 ── 찾았다. 인종을 구분하는 것은 문명의 위계를 표시하는 것이라고 주장되었다. 그러나 인종 간의 구분과는 달리 부족 간의 구분은 문화적 다양성을 표시하는 것으로 설명되었다. 원주민은 천성상 부족적인 성향을 띠고 있다고 간주되었다. 원주민 통치의 실제는 원주민 행정(native administration)이라 불렸다. 원주민 행정의 핵심은 원주민과 비원주민 부족 간의 행정적인 구분이었다. 비원주민이라는 정체성은 그들이 얼마나 많은 세대에 걸쳐 해당 지역에서 살았는지와 전혀 상관없이 확정되었다. 시간이 아무리 많이 흘러도 기원상의 차이는 지워질 수 없었다. 모든 식민지는 수많은 부족의 홈랜드들로 분할되었고, 각각의 홈랜드들은 행정상 원주민으로 불리는 부족과 동일시되었다. 토지에 접근하고자 하는 이주민들은 원주민 당국의 부족장에게 특정 공물을 지불해야만 하는 "이방인" 자격으로서만 그렇게 할 수 있었을 뿐이다. 식민지의 관습법은 한가지 형식의 안정된 토지 보유, 즉 부족의 홈랜드에 대한 관습적인 사용권리(소유권 아님)만을 인정했다.

원주민의 정체성은 세가지 특징적인 특권을 포함했다. 첫째, 토지에 대한 접근권이 주어졌다. 둘째, 원주민 당국의 행정에 참여할 수 있는 권리가 주어졌다. 원주민 당국에서 부족장은 원주민의 정체성이 인정된 사람들 중에서만 선출될 수 있었다. 행정의 말단에서만—원주민 당국의 가장 낮은 단계에서만—해당 부족의 홈랜드에 거주하는 비원주민 부족의 촌장이 참여했다. 원주민 당국에서 위로 올라갈수록, 원주민들만이 각각의 홈랜드에서 대표권과 거버넌스 권리를 가진다는, 식민지에서 인가된 관습은 더욱 더 엄격하게 준수되었다. 셋째, 분쟁의 조정 영역에 존재했다. 각각의 원주민 당국은 분쟁을 원주민 지위가 특권이 되어 있는 관습법의 토대에서 해결했기 때문이다.

추정상 원거주민과 뒤이어 들어온 이주민 사이의 제도화된 불평등체제는 단일종족적 행정으로 귀결되었다. 이러한 단일종족적 행정이 다종족사회를 지배했다. 토지 이용부터 지역적 거버넌스에 대한 참여, 지역적 분쟁 해결을 위한 규칙에 이르기까지 모든 핵심 권리들이 집단의 권리로 정의되고 원주민 부족의 구성원에게 주어지는 특권으로 선언되었을 때, 모든 원주민 당국에서 두가지 거주민 유형 사이에, 즉 원주민으로 규정된 사람과 그렇지 않은 사람들 사이에 폭발적인 충돌이 발생할 것은 오로지 시간과 상황의 문제였을 뿐이다. 이와 같이 토지, 거버넌스, 분쟁 해결이라는 세겹으로 된 부족독점을 관장하는 단일부족 행정은 부족 간의 차별을 제도화했다.

많은 경우에 부족정체성이 인류학자들이 말하는 종족정체성 ─ 대개 언어에 기반한 문화적 정체성을 의미한다 ─ 과 일치한다. 그러나 언제나 그런 것은 아니었다. 어떤 경우에는 동일한 종족집단이 행정상 여러 부족으로 나뉘었다. 또다른 경우에는 부족이 자의적으로 지정되었는데, 문헌에서는 이것을 부족이 "창안"되었다는 식으로 표현하고 있다.[4] 어쨌건 모든 경우의 유일한 공통점은 식민기간 동안 부족은 모든 곳에서 행정단위였으며, 부족정체성은 공식적으로 지정된 행정적 정체성이었다는 점이다. 따라서 원주민 행정체계와 간접지배란 결국 부족 간 차별을 제도화하고, 차별을 문화적 정체성의 필연적인 결과로서 정당화하는 제도라고 말하는 것이 가장 적절하다고 필자는 믿는다. 간접지배는 그렇게 함으로써 문화적 정체성을 행정적으로 추진된 정치적 정체성으로, 달리 말하면 종족성을 부족으로 물화시켰던 것이다.

역사서술

두가지 종류의 식민지 역사가 존재한다. 식민주의에 대한 웅장한 내러티브, 다시 말해 식민주의의 메타역사(meta-history)는 인종 프레임 속에서 굵은 글씨로 서술된다. 미시역사(micro-history)는 부족 프레임 안에서 가느다란 글씨로 서술된다. 인종은 역사적 진보를 대변하며 결국은 국가 발전이라는 정점에 이르는 것이라고 주장되었다. 부족에서 인종으로의 발전은 연합을 토대로 한 세계의 역사적 전이, 즉 —니버(Barthold Georg Niebuhr)가 세권 분량의 저서 『로마의 역사』에서 묘사한— 친족집단에서 로컬리티(영토)로의 전이를 대변한다고 간주되었다.[5] 부족과 국가는 두개의 대조적인 연합 형식, 전자는 비영토적인 형식, 후자는 영토적인 형식으로 여겨진다. 앞에서 살펴본

것처럼, 메인은 부족에 있어 정치적 관계는 친족 원칙을 통해 표현된다는 논지를 펼쳤다.[6]

아프리카에 대한 인종화된 역사서술은 19세기에 작성되었다. 이런 역사서술에는 함족 가설(Hamitic Hypothesis)이라는 이름이 붙여졌다. 함족 가설로 명명된 역사서술에는 명약관화한 가르침이 내포되어 있다. 아프리카를 문명화한 것은 외부이며, 옅은 살색을 띠거나 이목구비가 뚜렷한 북쪽 출신 이주민들이 남쪽의 원주민들을 문명화했다는 것이다. 함족 가설에는 여러 버전이 존재하는데, 식민주의적 버전과 민족주의적 버전이다. 함족 가설은 대표적으로 중앙아프리카(Central Africa) 지역사와 서부아프리카(West Africa) 지역사에 적용되었다. 식민주의적 버전으로 작성된, 19세기에서 20세기 초반 중앙아프리카 지역사에서는 투치족이 함족의 역할, 후투족이 원주민의 역할이었다. 이러한 서술은 탐험가 스피크(John Hennings Speke)가 남긴 글[7]과 교회 신부들의 글[8]뿐만 아니라, 르완다 투치족 역사가인 카가메(Alexis Kagame)의 역사서술[9]에서도 찾아볼 수 있다. 서부아프리카 지역사에서는 베르베르족(Berber)이 함족의 역할을 맡아 하우사(Hausa)국가 건국의 주역이 되었다. 베르베르족은 하우사족을 문명화시키는 역할을 담당한 것으로 서술되었다. 서부아프리카에서 풀라니족(Fulani)은 동아프리카의 투치족이 수행한 것과 같은 역할을 한 것으로 여겨졌다. 나이지리아 자리아(Zaria)에 위치한 아마두벨로대학(Ahmadu Bello University) 역사학과를 창설했던 스미스(Abdullahi Smith)[10]는 이런 방식의 역사를 강하게 비판했다. 세번째 지역적 버전, 역사서술에서는 광범위하게 확산되어 있는 "아랍화"(Arabization) 개념을 지적할 수 있다. 아랍화 개념은 수단의 이질적인 역사들을 이어붙이는 개념적 실을 제공했다. 상당한 영향력을 행사하고 있는, 함족 가설의 범아프리카주의적 버전은 디오프(Cheikh Anta Diop)의 저작에서 찾아볼 수 있다. 그는 이집트를 아프리카의 나머지 지역의 문명을 추동한 문명국가로 보았다. 디오프는 파라오 시대의 이집트인을 검은 피부를 가진 사람들로 간주함으로써 함족의 피부색을 검게 착색했지만, 식민주의적 역사서술의 논리는 건드리지 않았다.

식민주의적 버전에서 인종화된 역사는 동화주의적 방식의 내러티브로 구성되었고, 부족화된 역사는 분리주의적 프레임에서 주조되었다. 이러한 역사들이 전체적으로 겨누고 있는 지점은 인종의 진보적 본성을 강조하는 것이었다. 진보적인 인종의 본성은, 부족과 동일시되는 고립주의적이고 내부 지향적인 성향을 분쇄하지 않을 수 없을 것이라고 보았다. 필자는 두가지 역사적 정체, 즉 수단 북부의 센나르(Sennar) 술탄국가와 다르푸르(Dar Fur) 술탄국

80

가(수단은 1899년 영국-이집트 공동 통치가 시작되면서 행정적으로 북부와 남부로 분리되었다. 1956년 수단이 영국으로부터 독립한 후에도 북부와 남부는 종교·인종·문화 갈등으로 두차례 내전을 치렀다. 수단 남부는 2011년 7월 9일 수단에서 분리되어 독립국이 되었다. 센나르 술탄국가는 수단의 동부 지역, 백(白)나일 강과 청(靑)나일 강 사이에 위치해 있었다. 다르푸르 술탄국가는 수단 북서부에 위치해 있었으며, 원래 독립 왕국이었으나 19세기 말 이집트에 병합된 후 수단의 일부가 되었다 ―옮긴이)를 예시로 들면서 동화주의적 패러다임을 살펴볼 것이다. 이 두 술탄국가들에 대한 틀에 박힌 역사서술 ― 수단 북부의 역사 ― 는 "아랍화"의 관점에서 작성되었다.

아랍화는 아랍어(그리고 일반적으로 아랍문화)와 아랍인의 종족적 확산과 연관된다.[11] 식민주의적 및 민족주의적 버전 양자를 모두 포함한, 지배적 역사서술은 아랍화를 수단 외부 지역에서 건너온 아랍인 이주의 결과로서 가정한다. 이러한 역사서술의 뿌리는 식민지 시기에 놓여 있다. 젊은 시절 처칠(Winston Churchill)이 남긴 저널리스트적 저작에서 이러한 역사서술의 일반적인 개요를 엿볼 수 있다. 그는 세기가 바뀌는 때, 키치너(Kitchener)가 마흐디야(Mahdiyya)로부터 수단을 재탈환한 것을 기념할 목적으로 저작을 저술했다. 『강의 전쟁』(*The River War*)[12]이라는 이 책에서 처칠은, 아랍 이주민들이 원주민이었던 니그로

(Negroes. negro는 'black'의 뜻을 가진 라틴어 niger에서 온 말. 애초에는 단순한 '검은 피부의 인종'이라는 뜻이었고 미국에서도 1960년대까지 지속되었다. 오늘날 니그로라는 용어는 그것의 인종주의적 함의 때문에 공공에서 더이상 사용할 수 없는 금지어가 되었다. 그러나 본 글에서는 당시의 사용 언어를 그대로 보여주고자 하는 취지에서 니그로라는 용어를 사용한다 — 옮긴이) 부족을 복속시키고 지배했던 장소로 수단을 묘사했다. 이러한 주제에 대한 보다 정교한 학술적인 설명은 식민지 행정가였던 맥마이클(Harold Mac-Michael)이 1922년에 발간한 두권으로 구성된 저서, 『수단의 아랍인 역사』(*History of the Arabs in Sudan*)에서 찾을 수 있다.[13] 제1권은 니그로와 함족을 중점적으로 다루고 있다. 맥마이클은 아랍인이 수단으로 이주해 들어가기 전 이미 그곳에 거주하고 있던 부족이 니그로라고 주장한다. 이런 이유로 니그로를 원주민으로 간주할 수 있다고 보았다. 제2권은 아랍인 이주의 역사를 다룬다. 이주의 역사는 개별적인 아랍 부족들의 계보와, 인종으로서의 아랍인의 이주라는 두가지 특성을 결합시킨다. 맥마이클은 이러한 계보들이 재구성된, 심지어 일부는 전적으로 고안된 것이라는 점을 인정했다. 그러나 이러한 계보들을 단 하나의 단일한 이주의 역사를 예증하는 직소 퍼즐의 수많은 조각들로 제시했다.

식민주의적 역사서술의 주요 내용은 민족주의적 역사

82

가들에 의해 그대로 수용되었다. 민족주의적 역사가들 중 가장 두드러진 인물은 하르툼(Khartoum)대학의 하산(Yusuf Fadl Hasan) 교수다. 식민주의적 역사서술의 현대적 버전은 아프리카 아랍인(Afrabia)에 대한 마즈루이(Ali Mazrui)의 역사서술에서 확인할 수 있다.[14] 식민주의적-민족주의적 역사서술은 수단을 연속적으로 외부의 영향들이 중첩되어 단층처럼 형성되어 있는 처녀지로 기술했다. 수단은 가장 오랜 기간 동안 지속적으로 작성된 역사기록들 중의 하나를 보유하고 있다. 그러나 내적인 동력이 결핍되어 있어, 변화를 위한 의미 있는 동력은 그 어떤 것이든 외부로부터 오지 않을 수 없는 그러한 장소로 묘사했다. 6천년이라는 장구한 기간 동안 작성된 수단의 역사기록은 각각에 대해 서로 다른 외부의 영향을 강조하기 위해 파라오 시대, 기독교 시대, 아랍-이슬람 시대, 서구 시대 등의 명칭이 붙은 연속적인 시기로 시대구분되었다. 식민주의적 역사서술과 민족주의적 역사서술 모두에서 아랍화는 문명화 사명으로서 제시되었다. 민족주의자들은 식민주의적 역사서술을 핵심에서는 그대로 답습했다. 그들은 식민지 시대에 작성된, 원주민과 이주민, 즉 니그로와 아랍인의 부단한 대립으로서 수단에 대한 인종화된 역사서술을 재확인했던 것이다.

1960년대와 70년대의 반식민지운동과 반전운동에 강력한 영향을 받은 세대의 일군의 고고학자, 정치학자, 인류학자들의 저작들로부터 여러 조각들을 끼워맞춰 일종의 대안의 역사를 구상해볼 수 있다.[15] 이들은 아프리카 역사가 외부로부터 유입되었고 옅은 색 피부를 가진 함족에 의해 만들어졌다는 이데올로기적인 편향에 대해서 비판적 입장을 취했다. 물론 내적인 발전보다는 이주를 특별히 중시하는 방법론적 경향에 대해서도 비판적이었다. 동시에 외부의 영향과 내적 발전 사이의 상호작용에 대해 보다 설득력 있게 설명하려고 노력했다. 외적 영향이 효력을 발생하기 위해서는 내적 요인의 결정적인 역할이 있어야 한다는 설명이 이런 노력의 일환이었다.

아랍화, 즉 아랍 문화와 아랍 정체성의 확산에 대한 대안적인 설명은 국가 형성의 역사에서 찾을 수 있다. 이주는 그 자체로 아랍 문화 혹은 아랍 정체성을 확산시킨 것은 아니었다. 동시대인들은 아랍 난민들이 처음으로 누비아(Nubia)와 베자(Beja)에 이주했을 때에는 오히려 비-아랍화 과정이 진행되었음을 증언하고 있다. 아랍 이주민들이 누비아어와 베자어를 사용했을 뿐만 아니라 (아랍어 사용을 중단하였고) 유목민적 생활방식을 포기하고 농업 생활방식을 채택했다는 것이다. 국가가 아랍화 프로그램을 추진한 것은 맞지만, 이러한 국가는 아랍인에 의한 정복의 산물은 아니었던 것이다. 다른 무엇보다도 수단에 대한 아랍인의 침략은 단 한번도 없었다는 점을 인정할 필요가 있다. 실제 발생한 침략은 이집트 노예왕조인 맘루크(Mamluks) 왕조의 침략이었다. 이는 이집트 남부 출신으로 수단에 이주한 아랍인 난민들을 추격하기 위한 침략이었다.

흥미로운 사실은 아랍화의 과정이 가장 강력했던 곳은 침략의 목표점이었던 누비아와 베자가 아니라 푼지(Funj) 술탄왕국이었는데, 이곳에는 침략이 전혀 없었다는 점이다. 술탄왕국이 건립된 16세기 초부터 19세기 식민화에 이르기까지 전개된 아랍화에는 세가지의 서로 다른 단계가 존재했다. 제1차 시기에는, 모든 증거 자료가 밝혀주는데, 남부 실루크(Shilluk) 지역에 기원을 두고 있는 푼지 왕조가 자신이 아랍인의 후손임을 주장했다. 예를 들어 1522년 말에서 1523년 초까지 수단을 방문하여, 청나일 강의 강변에 위치한 푼지 술탄의 손님으로 10개월을 체류한 유명한 유대계 탐험가 르우베니(David Reubeni)의 증언이 있다.[16] 술탄이 예언자 마호메트의 후손이라고 주장하는 것을 듣고, 르우베니는 자신도 유사한 가계를 갖고 있다고 주장했다. 르우베니에 따르면, 술탄은 다음과 같이 물어보았다. "당신은 나에게 무엇을 바라나이까? 나의 주, 나의 예언자의 아들이시여!" 르우베니는 그 물음에 대해 다음과 같은 관례적인 대답을 했다. "당신을 사랑합니다. 나의 축복과 함께 (…) 예언자 마호메트의 축복을 전합니다. (…) 나는 당신이 다른 해에 모든 죄의 사함을 받는 장소인 메카의 도시로 우리를 방문하길 희망합니다." 왕과 탐험가 모두가 신의 후손이라고 주장하는 것은 결코 놀랄 일이 아니다. 이런 주장은 특히 수단 벨트에 소속된 왕가들에게는 공통적인 것이었다. 이러한 관습 가운데 가장 유명한 예시는, 자신들이 솔로몬 왕의 후손이라는 에티오피아의 왕가의 주장이다.

18세기에 정점에 도달했던 상업의 발전 과정은 아랍화의 두번째 단계를 열어놓았다. 푼지 술탄왕국에서 도시는 18세기 초에 겨우 2개였지만, 18세기 말에 가까워질수록 20개에서 30개 사이로 늘어났다고 스폴딩(Jay Spaulding)은 추측한다.[17] 스폴딩에 따르면, 18세기가 시작될 무렵의 도시가 행정 중심지였던 데 반해 18세기가 끝나갈 무렵에는 상인과 푸카라(fuqara 성자)가 도시를 장악하게 되었다. 상업도시의 수적 증가는 교역이 확대되고 상인층의 영향력이 증가했음을 입증한다. 교역이 확대됨에 따라 교역에 기반을 둔 분쟁도 증가했다. 이 새로운 유형의 분쟁을 해결하기 위한 지배권을 둘러싸고 상인과 왕가 권력 사이에 갈등이 벌어졌다. 왕가는 관습을 통해 이러한 분쟁을 해결하고자 노력했다. 그러나 상인 및 상인과 연합한 푸카라는 상업에 우호적인 것으로 알려져 있던 샤리아(sharia. 쿠란과 마호메트의 가르침에 기초한 이슬람의 법률. '샤리아'의 사전적 의미는

'물 마시는 곳으로 이끄는 길'로 진리 또는 하나님께 다가가는 길이라는 뜻이다. 그 내용은 의례적인 규범에서부터 혼인, 상속, 계약, 소송 및 범죄, 형벌, 전쟁 등 법적 규범까지도 포함한다 ─ 옮긴이)의 지배를 통해 분쟁을 해결해야 한다고 요구했다. 이는 관습과 샤리아 사이의 갈등으로 볼 수 있는데, 중간 계급인 (하마지Hamaj로 알려진) 군벌은 이러한 갈등을 빌미삼아 왕권에 대항하여 그것을 약화시켰고, 결국은 섭정을 임명하여 자신들을 이끌도록 했다. 상인은 왕족과 마찬가지로 지역에 기반을 두고 있었다. 그러나 일단 승리를 거두고 나면, 상인은 아랍인의 후손임을, 예언자 가계와 연관되어 있음을 주장했다. 이를 토대로 자신들이 새로운 상업문명의 구성원임을 주장했다. "우리는 아랍인이다"라는 주장은 이런 의미였다.

아랍화의 세번째 단계는 식민지 시기에 발생했다. 세번째 단계의 최고 정점은 반식민운동인 범-아랍주의 운동, 특히 나세르주의(Nasserism)의 성장과 영향력 증대와 일치한다. 아랍 정체성이 16세기와 그 직후에는 왕가에만 국한되어 있었고, 18세기에는 "하마지" 혁명과 함께 중산계급의 정체성이 되었다면, 20세기에 들어서는 반식민주의 운동과 더불어 일반 대중의 정체성으로 자리잡았다.

오랜 역사를 자랑하는, 수단 북부의 중심지인 푼지에서 아랍은 이주민 그리고 권력과 동일시되었지만, 아랍이 권력의 주변부를 구성한 유목민의 정체성이었던 다르푸르에서는 그렇지 않았다. 유목민이 극소수였던, 주로 정착농민으로 구성된 역사적 푼지의 아랍인들과는 달리, 다르푸르의 아랍인들은 역사적으로 사하라 사막의 변두리 지역을 따라 이동하면서 사하라의 생태계 구역 안에 형성된 국가들의 가장자리에 거주했던 유목 부족들 사이에 존재했었다.

역사가들에 따르면 다르푸르 술탄왕국이 형성된 것은 1650년경이다. 네가지 제도가 중앙집권화의 토대를 제공했으며, 이는 지방의 토지 기반 권력에 대한 우세를 가능케 했다. 네가지 제도는 기존의 토지재산 씨스템, 왕실종교로서의 이슬람, 궁정언어로서의 아랍어, 새롭게 개발된 상비군 및 행정제도로 구성되었다. 술탄은 자신의 신민에게 집단 증여와 개인 증여로 구분되는 두가지 방식으로 토지를 하사했다. 토지 증여는 각각 행정 하쿠라(hakura)와 특권 하쿠라라는 명칭으로 불렸으며, 문서화된 왕의 칙서에 의해 관리되었다. 이런 칙서는 북 다르푸르에 위치한 엘 파셔(El Fasher) 소재 박물관에 아직 보존되어 있다. 집단적 증여가 이미 공동체가 보유하고 있는 토지에 대한 공식적 인정이었다면, 궁정 귀족에 대한 개인적인 작위의 부여는 술탄왕국에서 토지 보유의 발전을 위한 진정으로 혁명적인 출발이었다. 집단적 보유의 중요성이 점차 감소함에 따라 개인적 토지 보유의 중요성은 더욱 더 커졌다. 개인적 토지 보유의 증여는 궁정관료제의 발전과 더불어 진행되었다. 왕에 의해 임명된 지방관은 **마크덤(maqdum)**으로 불렸다. 유목 지역으로 파견된 마크덤은 곧바로 농촌 공동체에서 술탄의 지배를 상징하는 표준적인 특징이 되었다.

왕실종교로서의 이슬람교의 시행은 공무 언어로서 아랍어를 사용하는 것과 발맞추어 진행되었다. 다르푸르에서 이슬람교는 수피(Sufi) 교단(타리카스 tariqas)의 형식으로 조직되었는데, 서부아프리카의 영향 아래서 강력한 틀이 만들어졌다. 이미 11세기라는 이른 시기에 서부아프리카의 순례자들이 다르푸르를 거쳐 메카의 하지(Haj)로 향했다는 기록들이 존재한다. 고향에 있는 사람들은 순례자들이 돌아오리라 기대하지 않았고, 순례자들의 출정식은 장례식처럼 거행되었다. 19세기와 20세기에 걸쳐 이주민의 수가 늘어난 데는 몇몇 추가적인 동인이 가해졌다. 그 중 가장 중요한 동인으로 19세기에는 서구의 침략에 대한 저항이 실패하면서 발생한 난민들의 이주와, 20세기에는 인근 프랑스 식민지에서 자행된 혹독한 강제노동으로부터 도망쳐 나온 난민들의 이주를 꼽을 수 있다. 풀라니족 같은 일부 부족은 남부 다르푸르로 하나의 집단으로서 이주해갔는데 ― 남부 리제이가트(Rizeigat)를 구성하는 여러 부족 중의 하나로서 ― 아랍 부족의 정체성을 띠었다. 다르푸르 역사 전공자인 오파헤이(O'Fahey)에 따르면, 1980년경 다르푸르의 서부아프리카 이주민들은 이 지역 인구의 30퍼센트를 차지했다.[18]

수피 교단의 학식 있는 성자, 즉 푸카라(fuqara)는 술탄왕국이 관료들을 충원하는 한 원천이었다. 또다른 원천 ― 아마도 좀더 중요한 원천일 것이다 ― 은 노예들이다. 노예무역에 대한 증거의 무게감으로 따져볼 때, 대다수 노예화된 사람들은 술탄왕국에 머물러 있었고, 단지 소수만이 이집트로 팔려갔다는 추측이 가능하다. 술탄왕국에 남은 노예들은 주로 군대로 편입되었다. 노예들 중 야심 있고 능력 있는 사람들 ― 왕의 시종 ― 로부터 마크덤을 포함한 궁정의 노예행정가들이 충원되었다. 오파헤이는 19세기 초 궁정노예가 왕위 계승자를 결정할 정도의 강력한 세력을 형성하고 있었다고 주장한다. 다르푸르에서 1803년 이후 왕위 계승 전쟁이 없었는데, 궁정노예들은 왕위 계승자에서 제외되어 있어 왕위 계승을 통제하는 후견인이 되는 식으로 원한을 풀 수 있었다는 것이다.

그 명칭에도 불구하고 다르푸르 술탄왕국(아랍어로 다르는 영토를 뜻하며, 다르푸르는 '푸르족의 집'이라는 뜻 ― 옮긴이)은 하나의 부족으로 구성된 왕국이 아니었다. 왕국이 성장함에 따라 푸르족은 종족 구성에서 소수로 전락했다. 왕국이 자리잡으면서 술탄은 푸르족 지역에서 외부로 벗어나 궁정의 위치를 옮겼다. 새 수도는 북부의 엘 파셔에 세워졌다. 술탄은 자신의 신민과 마찬가지로 지역에 기반을 두고 있었다. 그러나 당시 다수의 다른 나라의 왕가들이 그러했듯이 술탄 역시 아랍인의 후손임을 주장했다. 술탄왕국의 엘리트가 세 집단으로 구성되었다는 점이 눈에 띤다. 첫째, 주로 궁정노예들로 충원되는 궁정관리들과 군대 장교들이 있었다. 둘째, 일부는 나일 계곡 출신이었지만 대부분은 서부아프리카 출신으로 구성된 성자들(푸카라)이 있었다. 그리고 마지막으로 주로 나일 계곡 출신의 상인들이었다. 그들은 편협한 지역주의적 엘리트라기보다는 세계주의적 엘리트였다. 그들은 서로 다른 두 이주민 집단을 포함하고 있었다. 남부로부터 온 강제 이주민(노예)과, 서부아프리카와 나일 계곡에서 온 자유 이주민이다. 다르푸르에서 아랍 이주민이 차지한 비중은 작았다. 비록 푼지 술탄왕국보다 더 작았다고 할 수 있지만, 그렇다고 아랍화 과정의 중요성이 더 작았던 것은 결코 아니다. 아랍어는 궁정·상업·신학·교육의 언어였다. 이렇게 된 이유는 이주라는 사실 그 자체가 아니라 국가 및 시장 형성 과정에서 찾을 수 있다.

노예제와 노예무역은 국가 형성 과정에서 핵심적인 역할을 담당했다. 근대 노예제는 시장이 주도하는 특성을 갖고 있다. 대조적으로 전근대 노예제는 주로 국가의 요구에 의해 주도되었다. 군대로부터 관료에 이르기까지 핵심적 국가기구에서 필요한 인력을 채우기 위한 원천이 노예제였다. 왕실은 토지에 기반을 두고 있는 이해관계로부터 독립할 필요가 있었다. 신뢰할 만한 군대와 장교단을 만들기 위해서는 지역에 기반을 두고 있는 씨족과 부족으로부터 독립된 인적 자원이 필요했다. 충성심은 높은 가격으로 거래되었다. 이 거래는 애착 결여와 함수관계가 있는 것으로 간주되었다. 궁정은 충직한 군인과 공직자를 충원하기 위한 원천을 노예제에서 발견했다. 노예들은 출생 사회로부터 강제적으로 분리되었기 때문에, 한 지역에서 다른 지역으로, 혹은 국가의 위계조직에서 상하로 이동이 가능했다. 거세 노예들 —— 왕의 시종들 —— 은 이러한 애착 결여라는 측면에서 가장 극단적인 예가 되었다. 그들은 권력과 권위를 소유한 지위에 있는 사람들에 의해 매우 바람직한 대리인으로 높은 평가를 받았다. 궁정노예들만 거세된 것은 아니었다. 때로는 큰 야심을 품고 있던 노예들도 자신의 야망을 실현할 수 있을 것이라는 기대 속에서 스스로 거세를 감행했다. 자본주의 세계의 플랜테이션에서와는 달리 전(前)자본주의 세계의 왕국과 제국에서는 일부 능력 있는 노예들이 국가의 위계조직에서 신분 상승하여 매우 강력한 권력을 행사하는 국가관리가 되는 것이 별로 특

92

별한 일이 아니었다. 다르푸르의 작위 계서제에는 — 수단의 다른 국가들과 마찬가지로 — 노예 출신과 자유인 출신 둘 다 포함되어 있었다. 그들 중 가장 잘 알려진 예는 쿠라(Muhammad Kurra)인데, 무함마드 타이랍(Muhammad Tayrab) 술탄 치하의 동부 다르푸르의 직권 통치자였다. 전근대 궁정노예는 그 어떤 애착 가능성을 갖고 있지 않은, 본질적인 의미에서 공직자였다.

모든 증거들을 종합해볼 때, 북부 수단 — 푼지와 다르푸르 술탄왕국 — 에서는 노예제가 외부로부터 도입되지 않았다는 결론에 도달할 수 있다. 노예제는 두개의 술탄왕국 모두에서 중앙집권화된 권력의 발전에 발맞춘 일종의 지역제도로 발전되었던 것이다. 그러나 우리는 "아랍 노예"라는 표현에도 불구하고 — 유럽인이든 아랍인이든 — 비수단인이 수단의 노예무역에 참여한 것은 플랜테이션 노예제가 캐리비언해로부터 인도양 섬들에 이르기까지 확장된 이후에 그리고 19세기 초 이집트에서부터 수단에 이르기까지 투르크-이집트인의 지배가 출현한 이후에 이루어졌다는 사실을 깨닫고 있지 않으면 안 된다. 이것은 듀보이스가 『아프리카와 세계』에서 거듭하여 강조했던 사실이다.

마흐디야(Mahdiyya)

영국 식민주의 역사에서 마흐디야는, 제국주의의 지배
기반 자체를 뒤흔들고 정책을 재고(再考)하게 만든 반제국
주의 운동 서열에서 인도에서 있었던 1857년 사건 다음으
로 두번째 위치를 차지한다. 1857년이 인도에서의 문명화
사명에 대한 재고를 이끌어냈다면, 마흐디야는 1857년의
교훈을 다르푸르를 비롯한 영국의 아프리카 식민지에 적
극적으로 적용하도록 하는 결과를 낳았다. 마흐디야는 초
지역적인(trans-local) 반식민주의 저항이라는 유령을 불
러냈다. 이에 대한 식민지 반응은 전제정을 탈중앙집권화
시키는 지역적 거버넌스의 형식으로서 부족화였다.

북부 수단에 대한 투르크-이집트의 식민화는 1821년에
서 1886년까지 지속되었다. 이 과정에서 구 지배엘리트는
파멸되거나 복속되었다. 수피 교단은 전국적 차원의 저항
을 위한 구심이 될 잠재력을 지닌, 유일하게 살아남아 있
는 조직이었다. 실제로 저항이 전개되었을 때 수피 교단이
저항의 최전선에 선 것은 결코 놀랄 일이 아니다. 전투적
인 마흐디즘은 서부아프리카에서 건너왔다. 이슬람의 새
로운 천년을 열어줄 메시아로서 마흐디에 대한 기대는 수
단벨트 지역으로 이미 널리 퍼져 있었던 것이다.

수단의 마흐디야는 모순적인 현상이었다. 정치적으로는

해방적이었지만, 사회적으로는 억압적이었다. 긍정적 측면에서 마흐디야는 광범위한 반제국주의 동맹으로서 다수의 종족 집단이 외국의 점령에 대항하는 운동이었다. 역사상 처음으로 서부(코르도판Kordofan과 다르푸르) 사람들이 나일 강 사람들과 결합하여 하나의 단일한 운동을 만들었던 것이다. 마흐디야는 어떤 다른 운동보다 북부 수단의 공통적 정체성의 기반을 하나로 녹여냈다. 게다가 마흐디야, 특히 —— 종종 데르비시(Dervish. 가난과 금욕을 맹세한 이슬람 교단(수피)의 일원 ——옮긴이)라고 불리는 —— 군대는 남부 수단과 강한 연계를 갖고 있었다. 군대의 핵심적인 구성원들은 기마병과 소총수였다. 데르비시 기병대는 대체로 유목민인 바카라(Baqqara. 수단에서 소를 키우며 반유목 생활을 하던 아랍어를 사용하는 부족 ——옮긴이)로 충원되었다. 그들은 말 혹은 낙타를 타는 훌륭한 기수로 알려져 있었다. 안사르(Ansar. 마흐디 추종자들 ——옮긴이)의 소총수 —— "전사한 적으로부터 탈취하거나 이집트 무기고를 습격하여 획득한 단발 45구경 레밍턴 장총으로 무장한" 지하디야(Jihadiya. 이슬람교의 성전 ——옮긴이) —— 는 보통 남부 지역인 누바(Nuba) 산맥 출신이거나 서부 출신이었다.[19] 혁명이 진행되는 동안 다수의 바징거(bazinger) —— 노예 상인들이 남부에서 충원한 사병 —— 가 마흐디야에 가담했고, 정부군에도 다수가 참여했다.[20] 마흐디(구원자라는 뜻, Muhammad Ahmad가 스스로를 마흐디로 칭하면서 운동을 일으킴 ―옮긴이)는 혁명의 성공과 국가의 성립 이후 불과 몇달만에 사망했다. 마흐디의 뒤를 이은 칼리파(Khalifa, 계승자라는 뜻, 칼리프와 동의어 ―옮긴이)는 다르푸르의 바카라 부족을 군대로 편성하고 자신만의 엘리트 호위부대인 **물라지민**(mulazimin)을 창설했다. 이들 전사들도 대부분이 남부인이었다.[21] 운동으로서 마흐디야의 추종자들과 그 간부들은 북부의 아랍인 출신뿐만 아니라 서부(다르푸르와 코르도판)와 남부 및 그 주변 지역(누바 산맥) 출신도 많았다. 수단의 북부와 남부, 동부와 서부, 아랍과 비아랍 지역을 가로지르는 최초의 운동이었다. 다수의 수단인은 그뒤 수십년간 벌어진 반식민지운동에서 마흐디를 민족의 아버지로 간주했는데, 이는 당연한 일이었다.

마흐디야는 자신의 진영에 속하지 않은 사람들에 대항하여 잔인한 폭력을 휘둘렀다. 이러한 폭력은 노예사냥을 생각나게 할 만큼 잔인했다. 마흐디는 국가를 세우고 몇달 지나지 않아 사망했지만, 폭력은 그의 대리인이자 서부아프리카 이민자 가족 태생인 칼리파 압둘라(Khalifa Abdula)의 지배 기간 내내 지속되었다. 1885년에서 1888년까지 마흐디즘 운동에 대한 일련의 반란이 일어났다. 반란을 주도한 것은 과거에 마흐디야에 대한 열렬한 옹호자였던 바카라족과 푸르족이었다. 칼리파는 반대파를 잔인한 폭력으

로 응대했고, 남부 지역인 다르푸르에서 코르도판과 마흐
디스트의 수도인 옴두르만(Omdurman)으로 주민들을 강
제 이주시켰다. 집권하는 13년 동안 칼리파는 자신에게 대
항하는 부족의 조직체계의 힘을 꺾어버리는 정책을 펼쳤
다. 카바비시족(Kabbabish)과 베자족도 같은 운명을 맞이
했다. 두 부족 모두 가축을 빼앗기고 빈곤 상태에 빠져 중
앙집권화된 마흐디스트 국가에 복속되었다. 이러한 극단
적 폭력은 기근 확산 및 파멸적인 전염병과 결합되어 마흐
디스트의 승리와 지배 그리고 연이은 영국의 점령으로 이
어지는 20여 년 동안 북부 수단 인구의 1/3 가까이를 죽음
으로 몰아넣었다고 평가되기도 한다. 영어로 작성된, 마흐
디야에 대한 연구 대부분이 이들에게 비우호적인 영국 사
료에 의해 덧칠되었다고 하더라도, 최근의 사료들은 마흐
디야가 수단 국민으로부터 광범위한 지지를 확보했다는
것을 인정하려는 경향이다. "영국인들이 그렇게 보이려고
시도했음에도 불구하고, 마흐디스트 치하의 수단이 총체
적 폭정인 것은 아니었다. 칼리파 압둘라는 단호하지만 공
평하게 법에 근거해 지배했고 수단인들은 그의 지배하에
서 매우 만족스러워 했고, 이집트인 치하에 있었을 때보다
훨씬 더 행복하게 살았음에 틀림없다. 만약 1890년대에 영
국군이 돌아오지만 않았다면 마흐디스트 국가는 아마 지
속적으로 존재하면서 번영을 누렸을 것이다."[22]

마흐디야는 20세기 초 아프리카에서 일어난 일련의 반제국주의 운동과 유사했다. 이런 운동 모두는 일견 극복할 수 없어 보이는 문제, 즉 규모의 문제에 당면했다. 가장 큰 문제는 제국의 초민족적 세력에 대항하는 초지역적 운동을 어떤 식으로 조화시킬 것인가에 관한 것이었다. 이러한 문제는 여러 지역에서 비슷한 방식으로 해결되었다. 탕가니카(Tanganyika. 동부아프리카, 탄자니아의 대부분을 차지하는 지역—옮긴이)의 마지 마지(Maji Maji) 저항운동, 로데지아(Rhodesia)의 쇼나(Shona) 저항운동에서 전개된 것처럼 영적 이데올로기가 여러 초지역적 운동을 하나로 묶어내는 영향력을 행사했다는 점이다. 일리프(John Iliffe)가 마지 마지 운동에 대해 지적한 바와 같이, "규모 확장에서 핵심 역할을 수행한 인물은 낡은 종교를 대체하기 위해 새로운 종교를 선포한 선지자였다. 그는 부족과 친족에 대한 낡은 충성심을 넘어서는 새로운 충성심을 불러일으킨 선지자였다".[23] 선지자가 제공하는 성수인 마지(maji)는 백인의 총에 맞아도 끄떡없이 살아남을 수 있다는 확신을 심어주었다. 더불어 이를 마시는 사람들에게 오랜 기간 지속되는 연대감을 형성했다. 마지 마지 운동은 임박한 정치적 변혁에 대한 징후를 감지하고 독일인 원수 편을 든 자들을 공포에 떨게 만들었다.

마흐디야는 당대의 저항운동 중 가장 규모가 큰 운동이

었다. 특히 인도의 1857년 항쟁 이후 가장 큰 운동이었다는 점은 확실하다. 마흐디야는 제국의 기반을 심장부까지 흔들어놓았다. 이스탄불은 물론, 파리와 런던도 타격을 받았다. 1885년 2월 6일자 『타임』지는 다음과 같은 기록을 남겼다. "카르툼의 함락 뉴스로 인한 충격은 현세대가 경험한 것 중에서 비견할 만한 것이 없다." 영국 여왕은 측근에게 보낸 편지에서 다음과 같이 말했다. "동양(Orient)에서 우리의 힘은 장차 소멸되고 말 것이다." "우리가 다시는 고개를 꼿꼿이 세우고 다닐 수는 없을 것이다." 자유당 수상인 글래드스턴(Gladstone)은 평소 제국의 확장에 대해 강력한 반대자로 알려져 있었다. 그러던 그가 이번에는 자신의 오른편 지지자를 고려하면서, 영국은 "마흐디의 승리가 우리의 무슬림 신민에게 끼치는 영향"을 절대로 무시하지 말아야 한다고 자신의 내각을 향해 주장했다. 영국령 인도의 생존 자체가 위태로워졌다고 판단했고, 내각은 고든(Charles Gordon. 영국의 장군으로 1885년 카르툼에서 마흐디야와 전투를 치르다가 전사 — 옮긴이)의 복수를 단행한다는 결의를 채택했다.[24]

키치너(Kitchener) 장군이 지휘한 영국군이 마흐디스트의 수도였던 옴두르만에서 몇마일 떨어지지 않은 평원에서 벌어진 전투에서 압도적인 승리를 거두었고, 복수는 실현되었다. 옴두르만 전투는 칼리파의 선제공격으로 시작되었지만, 칼리파의 군대는 처참할 정도로 분열되어 있었다. 결과는 마흐디야의 총체적인 재앙이었다.[25] 옴두르만 전투에서 발생한 데르비시의 사상자 수는 2만 6,000명이라는 엄청난 숫자였다.[26] 키치너 쪽의 손실은 미미했는데, 48명의 전사자와 82명의 부상자를 내는 데 그쳤다. 이렇게 한쪽으로 기운 결과가 나온 것을 우리는 어떻게 이해해야 할 것인가? 영국의 종군기자 스티븐스(G. W. Stevens)는 마흐디스트들의 성과를 다음과 같이 요약했다. "우리의 병력은 완벽했다. 하지만 데르비시 병력은 완벽함을 넘어선 최고였다. 그것은 마흐디즘을 지키기 위해 우리와 대적하여 싸웠던 군대 중 가장 큰 규모의 가장 훌륭하고 가장 용감한 군대였다. 그리고 그들은 마흐디즘이 일구어내고, 그토록 오래 지켜온 거대한 제국에 걸맞게끔 전사했다." 이 전쟁에 대한 최근의 결산에 따르면 "칼리파의 병력에 대한 추정치가 정확하다면, 사상자 비율이 약 50퍼센트에 이른다. 이는 안사르의 용맹성을 입증하는 것이기도 하고, 이와 동시에 밀집편대를 분쇄하기 위해 투입된 현대식 무기의 가공할 만한 효력을 입증하는 것이기도 하다."[27] 옴두르만 전투는 근대에 벌어진 반식민주의 항쟁과 그것에 반대하는 식민주의적 반항쟁 세력 간의 불평등한 경합 그 이상의 것을 보여준다. 말하자면 식민주의가 도전을 받았을 때, 식민주의 군대가 어느 정도의 야만성을 발휘할 수 있

100

는지를 말해주는 것이기도 하다. 마흐디스트 병력이 식민지 전쟁에 관한 협정을 준수했다는 사실이 그들의 비극적인 결말과 연관이 없지 않다.

대부분의 안사르는 전투의 결과가 죽음과 패배임이 확실했음에도 불구하고 싸웠다. 그런데 영국군이 그와 같은 압도적인 우위를 점하고서도 죽임과 파괴를 지속한 이유는 무엇일까? 당시의 증인들은 이러한 야만성에 대해 몇 가지 설명을 제공해주었다. 첫째, 그들은 전투에서의 패배가 곧 죽음을 의미한다는 것을 잘 알고 있었다. "아주 효율적으로 총을 쏜 영국군들 역시 자신들이 총을 쏜 것은 자신의 생명을 구하기 위해서였다는 점을 의식하고 있었을 뿐이다." 하지만 왜 마지막 순간까지 사람들을 죽였을까? 부상자들을 사망에 이르도록 방치한 이유는 무엇일까? "전투가 끝났을 때, 약 16,000명의 데르비시가 부상을 입은 상태였다. 그들 중 다수는 사막과 도시에서 곧바로 죽었거나 아니면 죽어가고 있었다."[28] 자기합리화를 위해 우리는 비인간적인 적군이라는 또다른 동기를 덧붙이지 않을 수 없다. 처칠은 다수 군인들이 복수심에 불타올라 있었다고 썼다. 그들은 공격적인 영국 언론의 부추김을 받아 안사르를 "살기에 적합하지 않은 기생충"으로 여기게 되었다는 것이다. "나는 포로가 적으면 적을수록 지휘관의 만족도는 더 높아질 것이라는 어렴풋한 생각들이 널리 퍼져 있었음을 기록하지 않을 수 없다."[29]

키치너는 이와 같은 식의 복수심을 공유했다. 옴두르만 전투에서 승리한 직후, 키치너는 파쇼다에서 프랑스군 사령관과 대적하기로 되어 있었다. 그는 파쇼다로 떠나기 직전 주어진 짧은 기간 동안 마흐디의 기억을 지우기 위해 최선의 노력을 다했다. 9월 6일 키치너는 마흐디의 무덤을 파헤쳐 그의 시신을 파내어 나일 강에 버리라고 지시했다. 이 작업은 직전에 사망한 고든 장군의 조카 고든(W. S. Gordon) 소령의 책임하에 수행되었다. 젊은 소령은 마흐디의 머리를 몸에서 잘라내어 승리를 거둔 장군인 키치너에게 선물하기로 마음먹었다. 키치너가 "마흐디의 머리뼈를 받침대에 받쳐서 잉크병으로 사용할 수 있도록" 하기 위해서였다.[30]

영국인들이 마흐디야를 점령했을 때, 그들은 다르푸르 술탄왕국을 영국의 보호국으로 지정했다. 그것은 인도의 여러 소공국을 관리했던 것과 거의 흡사한 방식이었다. 그들이 다르푸르에 대한 직접 통제를 수립하고 나자, 다르푸르는 수단에서의 영국 전략의 가장 중요한 장소가 되었다. 영국의 정책이 다르푸르에서 밀어붙인 것은 한 단어로 표현될 수 있다. 부족화다. 거버넌스 전략으로서 부족화는 원주민 행정과 간접지배의 핵심 사안이다. 부족화는 마흐디즘의 해독제로서 의도되었다.

정치적 전략으로서 부족화

원주민 행정의 열쇠는 "원주민"과 "이방인"을 행정적으로 구분하는 것이었다. 원주민은 그 지역에 원래부터 있던 사람들이라고 주장되었고, 비원주민은 그들이 얼마나 많은 세대를 거치면서 그 지역에 살아왔는가와 상관없이 비원주민으로서의 정체성이 부여되었다. 수단 서부의 한 주(州)인 다르푸르는 일련의 홈랜드, 즉 다르(dar)로 분할되었다. 각각의 다르는 행정적으로 원주민이라는 꼬리표를 달고 있는 특정 부족과 동일시되었다. 이주민이 토지를 이용하기 위해서는 원주민 당국에 특별한 공물 납부 의무를 지니고 있는 "이방인"의 자격을 획득하지 않으면 안 되었다. 아프리카의 모든 토지 보유는 부족적인 것과 동일시되기 때문에 술탄왕국 시대에 도입된 개인적 토지보유 ── 특권 하쿠라(hakura) ──를 위시한 모든 다른 형태의 보유는 아무런 쓸모도 없게 되었다. 오늘날 다르푸르에서 하쿠라 제도는 술탄왕국 시대의 토지제도와는 아무런 연속성이 없다. 오히려 그것은 영국인이 부족화 과정을 개시했던 시점으로부터 발원한다.

다르라는 용어는 관습적 용례를 상기시키긴 했지만, 그 의미는 정반대로 뒤집어졌다. 과거에 다르는 다층적인 의미를 지녔다. 다르는, 현재 거주지에서 출발하는 일군의 동심원 상의 여러 장소들로 확장되는 여러 위치들 중 하나를 의미하는 집(home)이라는 뜻을 갖고 있었다. 그러나 오늘날 다르는 식민지 행정단위에 집이라는 정체성을 부여한다. 집은 부족의 영토 ─ 부족의 홈랜드(homeland) ─ 가 되었는데, 이 대목에서 특정 집단이 원주민으로 정의되었던 것이다. 특정한 사람의 토지 이용권과 분쟁해결 과정에서의 특혜를 포함한 거버넌스에 대한 참여권을 정의했다는 사실이, 행정적으로 정의된 다르의 성원권을 진정으로 의미 있는 정체성으로 변모시켰다. 식민지법, 이와 관련된 행정조치는 위로부터 부과된 것이었다. 그럼에도 불구하고 식민지법과 관련된 행정조치를 통해 부족 정체성은 시간이 지남에 따라 자율적인 조직의 기반이 될 수 있었다. 요컨대 위로부터 강제된 것이지만, 원주민 정체성이 원주민 행위주체성(agency)을 발생시켰던 것이다.

다르푸르의 맥락에서 이러한 씨스템을 기술했다고 했지만, 필자가 지금껏 연구해온 동아프리카에서 나이지리아까지, 수단에서 남아프리카까지에 이르는 아프리카 전역에서 동일한 맥락의 씨스템이 발견된다. 유일한 예외는 르완다였다. 수단과 르완다 사이의 가장 큰 차이는 수단의 경우 영국이 인종화된 역사서술을 부족화된 행정, 토지 보유, 분쟁 해결과 결합시킨 반면, 르완다의 경우 ─ 역사서술과 토지 보유 제도, 지방행정과 분쟁 해결을 포함한 —
모든 것이 인종화되었다는 점이다. 물론 각각의 체제는 후
투족(Hutu)에 비해 투치족(Tutsi)을 우대했다.

다르푸르의 식민지 경험을 구분 짓는 특징이 하나 더 있
다. 다르푸르에 적용된 것과 같은 원주민 당국 씨스템은
농경 부족과 유목 부족 간의 불평등 씨스템을 제도화했다.
이러한 유산은 농민·반유목민·유목민으로 이루어진 세
계단으로 구성된 계층사회의 형성을 낳았는데, 이것은 때
가 되면 파국적 결말로 이어질 것이었다. 식민지 국가는
농민과 유목민의 차이를 주로, 정착민들이 통제하기가 더
쉬울 것이라는 인식에 의해 주도된, 정치적인 관점에서 바
라보았다. 이것이 바로 식민지 국가가 피식민지인에게 토
지를 서로 다르게 부여한 주요 이유였다. 식민지 국가는
농경부족에게는 식민화하던 시기의 정착지와 대개 일치하
는 지역을 홈랜드(다르)로서 부여했다. 남부에서 소를 사
육하는 반유목민 부족(바카라족)에게는, 그들의 정착지와
는 대개 일치하지만, 목축지 전체를 포함하지는 않는 축소
된 다르를 부여했다. 그러나 이들과 뚜렷한 대조를 이루면
서, 식민지 국가는 북부의, 전적으로 유목에 의존하는 낙
타 유목 부족(abbala) — 이들은 정착촌이 없고 일년 내내
이동한다 — 에게는 다르를 부여하지 않았다.

식민주의 이전에 부족이 존재했는가? 부족을 공통의 언

어를 사용하는 종족집단으로 이해한다면, 부족은 존재했다. 그러나 일종의 행정단위로서 원주민과 비원주민을 구분하고 ─ 토지 이용과 지역 거버넌스에 대한 참여를 정의하고 부족 정체성에 따라 분쟁을 해결하는 규칙을 정의함으로써 ─ 체계적으로 전자를 우대하고 후자를 차별하는 것이 부족이라면 식민주의 이전에 부족은 존재하지 않았다. 누군가 이렇게 질문할 수도 있을 것이다. 인종이 인종주의 이전에 존재했는가? 인종이 피부색의 차이 혹은 유전형질의 차이를 의미한다면, 인종은 존재했다. 하지만 "인종"의 차이에 기반한 집단차별을 위한 지렛대로서의 인종은 존재하지 않았다. 인종은 존재하지 않지만 ─ 인종이 실재한다는 인식 혹은 신념에 기반을 둔 법적 혹은 사회적 차별체계로서 ─ 인종주의는 존재한다는 것이 최근 인종 연구가들이 내린 공통 결론이다. 인종과 마찬가지로 부족도 오로지 식민주의와 결부되었을 때 단일하고 배타적이며 총체적인 정체성이 되었다. 다른 무엇보다도 부족은 정치적인 동인에 의해 창출된 근대적 ─ **총체화하는** (totalizing) ─ 정체성이다.

총체화하는 정체성으로서 부족은 인종의 부분집합이다. 각각의 부족은 특권과, 차별의 언어를 대변했다. 식민지국가는 인종적·부족적 차별이라는 이중적 차별에 기반을 두고 있었다. 인종적 차별은 중앙국가에서 제도화되었고,

부족적 차별은 지방의 하위국가(substate)에서 제도화되었다. 인종은 문명의 위계에 관한 것이고 부족은 인종 내부의 문화적(종족적) 다양성을 반영하는 것이라고 주장되었다. 중앙국가가 문명적인 근거를 들어서 원주민 인종에 대한 **차별**을 정당화했다면, 지방의 국가는 기원과 차이를 근거로 삼아 원주민 부족을 우대하는 **차별**을 정당화했다.

로마제국과 비교하기

영국인은 자신들이 로마제국의 근대적 계승자라고 간주해왔다. 영국인들은 스스로 식민지에서 문명화 사명의 핵심이라고 생각한 법의 지배의 담지자라고 주장했다. 대영제국이 로마제국과 비슷한 점은 무엇이고, 다른 점은 무엇일까?

메인은 『제도의 초기역사에 대한 강연』(*Lectures on the Early History of Institutions*)에서 이렇게 썼다. "로마인의 제국이, 그것이 고대이든 근대이든, 동양전제정(Oriental despotism)은 물론이고 심지어 유명한 아테네 제국과도 완전히 다른 등급으로 분류되는 것은 단 한가지 이유 때문이다. 동양전제정과 아테네 제국은 모두 세금을 걷어가는 제국이었지만, 농촌공동체 혹은 부족의 관습에 전혀 혹은 거의 간섭하지 않았다. 로마제국도 세금을 걷어가는 제국이었다. 그러나 입법을 하는 제국이었다. 지역의 관습을 타파하고 그것을 로마인의 제도로 대체했다. 로마제국은 입법이라는 수단만을 갖고도 인류 역사의 상당한 부분에 아주 강력하게 개입해 들어갔다. 이것과 비견할 만한 사례는 인도에서의 근대 대영제국——그런데 이러한 비교는 매우 불완전하다——외에는 존재하지 않는다."[31] 필자는 이미 앞에서 제국의 다른 지역에 자신들의 제도를 수출하고 그과정 속에서 지역 엘리트들을 동화시키려는 영국과 프랑스의 야심은 단명하고 말았음을 지적했다. 구(舊)엘리트의 저항과 신(新)엘리트의 동등한 시민권 요구에 직면하여, 근대 유럽의 제국들은 동화의 논리에서 분리의 논리로 전환했다. 신엘리트의 동화를 통해 시민법을 확산시키겠다는 근대 유럽제국의 야심은 구엘리트와 관습에 기반한 계약으로 나아가는 길을 터주었다. 근대 민족-국가의 시기에 제국이 변화했던 양상을 이해하도록 우리를 깨우칠 수 있는 것은, 로마와 근대 유럽제국의 비교가 아니라 그들 사이의 대조점이다.

로마 공화정은 두 단계로 확장되었다. 첫번째는 이딸리아로, 그다음에는 해외로였다. 이딸리아에서의 경험은 해외 속주에서 로마 지배의 성격에 엄청난 영향을 미쳤다. 로마는 시민들을 이딸리아 전역에 정착시켰는데, 그들에게 지역적 사안에 대한 자치권이 부여되었다. 이러한 모범

사례는 다양한 이딸리아 공동체들이 라틴어와 로마의 제도들과 친숙해지는 계기를 만들었다. 이런 식으로 "로마시민권을 확보할 수만 있다면, 지방자치에서 거의 손해보지 않을 것이며, 오히려 더 많은 특권을 얻을 수 있고, 나아가 로마 관리의 보호를 받고 심지어 정치권력도 얻을 수 있을 것이라는" 확신을 지역의 엘리트들에게 심어주었다. 지역의 엘리트들이 로마로부터 시민권을 거부당한 적이 있었는데, 기원전 90년 이딸리아 공동체는 반란을 일으켰다. 그러자 로마는 시민권을 승인했다. 아우구스투스 황제 시대에 모든 이딸리아인은 로마인이 되었다.[32] 기원전 3세기가 되자 로마는 해외로 영토를 넓혀나갔다. 새로운 정복지에 과두제가 존재한 경우, 로마인들은 과두제의 권력자를 통해 통치했다. 표준적인 유형은 로마가 지역 엘리트가 주민을 통제하도록 허용하고 그 댓가로 그들의 자유를 효과적으로 보호해주는 방식이었다. 이때 로마가 이야기하는 자유의 보호는 무엇보다 소유권 보호를 의미했다.

로마제국의 지배에서 두드러진 특징은 "포용성의 이상(理想)"이었다.[33] 시간이 흐르자 로마인들은 시민권을 점점 더 포용적인 개념으로 만들어갔다.[34] 로마시민권은 다른 무엇보다도 우선 공동체에 부여되었고, 그 다음에 개인에게 부여되었다. 시간이 지남에 따라 로마는 시민권을 예속민에게뿐만 아니라 노예에게도 개방했다. 기원전 5세기에 몇몇 주변 라틴계 이웃들에게 시민권을 주는 것으로부터 시작해서, 기원전 90년의 반란 이후에는 모든 이딸리아 공동체에게 시민권을 부여하기로 결정했다.[35] 결국 212년에 카라칼라(Caracalla) 황제는 로마제국의 거주민 모두에게 시민권을 허용했다.[36] 로마는 이제 다문화적이 되었다. 로마제국이라는 명칭에도 불구하고 제국은 점점 더 로마적이지 않게 되었다. 3세기에는 원로원 의원의 대부분이 이딸리아인이 아니었다. 트라야누스(Trajan) 황제부터 대부분의 황제가 속주 출신이었다. 영원한 도시 로마가 건립 천년 기념식을 했던 247년은 아랍 셰이크(sheikh, 이슬람교의 지도자, 스승이라는 뜻 —옮긴이)의 지배기였다.[37]

이와 더불어 로마는 해방된 남성 노예에게도 시민권을 부여하길 원했다. 범죄를 저지른 노예에게만 시민권이 전면 금지되었다. 노예에 대한 시민권 부여가 너무나 일상적으로 일어났기 때문에 로마인들은 "외국인들이 로마시민권을 얻기 위한 방책으로서 노예해방을 활용하기 위해, 거짓으로 짧은 기간 동안 노예의 지위를 취득할까봐" 우려했다. 로마시민권이 일반적이 되면 될수록 그것은 법 앞의 평등이라는 권리와는 멀어져갔다. 한편으로는 "상위 계급이 특권을 누렸고 일종의 성직자와 같은 혜택을 누리게 되었다". 다른 한편으로는 노예 출신 시민의 지위는 "정치적, 법적인 불이익"을 수반했다.[38] 이와 함께 로마 여성의 지위

또한 한단계 낮아졌다. 로마 여성은 자신의 남성 노예에게 투표권을 양도할 수는 있었지만, 스스로 투표권을 행사할 수는 없었다.

제국에는 두가지 종류의 로마공동체가 존재했다. 우선 식민도시(콜로니에 coloniae)였다. 보통은 군인 출신 로마 시민들이 거주하는 도시였다. 소집 해제된 예비역 군인들은 퇴역 후 자신은 물론 부인과 자녀의 로마시민권을 획득할 수 있는 권리를 부여받았다.[39] 식민도시의 헌법과 법률은 전적으로 로마법을 따랐다. 이딸리아의 도시와 마찬가지로 그들은 직접세 면제 혜택을 받았다.[40]

동부 지역에는 식민도시가 지배적이었던 데 반해서, 서부 지역의 특징은 자치도시(무니키피아 municipia)였다. 자치도시는 로마인 혹은 라틴인의 신분을 부여받았다. 로마인의 신분은 로마시민의 공동체를 가리켰다. 이와는 반대로 라틴인의 신분은 기존 공동체의 어중간한 지위를 표현했다. 이러한 기존 공동체에서는 로마법이 통용되고 있었지만, 전직 관료들만이 ─ 물론 아주 드문 경우이긴 하지만 시의회 의원 모두가 ─ 로마시민권의 특권을 부여받았다. 라틴인의 권리는 로마시민으로서 가지는 사적인 권리로 제한되었다. 이러한 권리에는 로마인과의 통혼, 로마인으로부터의 상속, 로마 토지 소유에 대한 권리가 포함되어 있었다. 하지만 로마에 거주할 때, 로마의회에 상징적으로 참여하는 것을 제외한다면 일체의 정치적 권리는 포함되지 않았다.[41] 셰르윈-화이트(Adrian Sherwin-White, 영국의 고대사학자 — 옮긴이)는 이것을 다음과 같이 요약했다. "다양한 병합 법들에 따라 이딸리아 연맹체가 로마국가로 그때그때 병합되어 들어갈 때, 병합의 대상은 개인이 아니라 공동체였다. (…) 이딸리아 연맹체가 국가되기를 멈추자, 그것들은 자치를 하는 무니키피아로 변모했다."[42]

로마가 5천만명 이상의 인구를 거느린 제국을 하나로 묶어낼 수 있었던 기제가 무엇인지를 물어본다면, 답은 의외로 간단하다. 서로 다른 종류의 시민권이 그 답이다. 로마시민은 완벽한 권리를 누렸고, 라틴시민은 부분적인 권리를 누렸다. 그들이 속주와 로마를 연결시키고 있었다.[43] 물론 이것 말고도 다른 요인이 존재했다. 그리스 도시의 대다수가 그들 자신의 체제와 지방정부를 보유한 공동체로 존속했던 것이다.[44]

제국의 동부와 서부 지역의 큰 차이는, 로마인들은 서부에서는 병사들의 거주지를 설치하는 경향을 보였고, 이에 반해 동부를 통치할 때는 지역 엘리트와 동맹을 맺었다는 점에 있다.[45] 주목할 만한 사실은 동부에서 도시를 수호하기 위한 군대가 전혀 필요하지 않았다는 것이다. 왜냐하면 로마는 지역 시민들 중 가장 강력한 권한을 가진 남자들에 대해 권리의 평등을 보장해주었기 때문이다. 질서를 지키고 충성심을 보장한 이들이 바로 그들이었다. 로마시민권을 부여받은 동부 지역 지주의 아들인 아리스티데스(Aelius Aristides)가 작성한, 로마제국이 역사상 최초로 강제력이 아니라 동의에 기반한 국가라는, 널리 알려져 있는 로마에 대한 찬사는 곱씹어볼 만한 가치가 있다. 서부에서는 시민권이 훨씬 더 광범위하게 확산되어 있었다. 뿐만 아니라 공동체 전체는 여러 단계로 나누어진 시민권을 보유하고 있었다. 보다 많은 개인들은 군사 복무에 대한 댓가로 시민권을 획득할 수 있었던 것이다. 로마군의 2/3 이상이 서부 속주에서 양성되고 그곳에 배치되었기 때문이다.[46]

이러한 일반화에는 주목할 만한 예외가 있는데, 동부 유대인들이다. 통상적인 로마의 관습에 따르면, 동부 속주의 통제권은 "원주민 왕조의 엄선된 자손에게" 넘겨져야만 했다. 그런데 37년 로마군단이 예루살렘을 정복한 직후 로마 원로원이 헤롯(Herod)을 유대의 왕으로 임명했다. 이는 기존 정책과의 단절을 의미하는 새로운 시대가 열렸다는 것을 시사한다.[47] "전쟁 이전 유대인은 로마의 간섭으로부터 보편적인 자유를 향유했다. 그런데 그것과는 극명하게 대조되게" 70년 이후 예루살렘은 "일종의 점령도시가 되었다".[48] 특히 유대국가에서 로마 지배에 대한 격렬한 저항이 일어났다. 다수의 저자들이 이것의 원인을 이데올로기적 요소에서 찾는다. 다시 말해 종교가 유대인이 로마에

저항하도록 역할을 수행했다는 것이다.[49]

로마인은 제국에 대해 두가지 주장을 제기했다. 하나는 제국은 안전을 제공했다는 것이다. 다른 하나는 제국은 후마니타스(humanitas)의 후견자 역할을 수행했다는 것이다. 로마는 속주에서 적어도 6세기에 걸쳐서 안전을 제공했는데, 이것은 매우 놀라운 기록이다.[50] 로마제국이 후마니타스의 후견자라는 주장은, 오늘날 서구가 자신을 문명의 인도자라고 주장하는 것과 여러 면에서 흡사하다. "인간관계를 주도하는 원칙"으로서, "노예에 대한 주인의 관심과 신민에 대한 지배자의 관심"을 강조하는 원칙인 "인간성"(humanity) 개념은 스토아학파에 의해 개발되었다. 그러나 기원전 1세기 말이 되었을 때, 후마니타스는 로마인의 개념으로 완벽하게 정식화되었다. 키케로(Cicero)가 그의 동생에게 "만일 운명이 너에게 아프리카, 에스파냐, 갈리아 같은 거칠고 야만적인 민족에 대한 지배권을 준다면, 그들의 평안, 필요, 안전을 돌보기 위해서 너는 너의 후마니타스에 기댈 수밖에 없다"고 가르쳤던 것은 이런 맥락에서였다.[51]

키케로의 가르침은 로마인이 후마니타스를 "지배를 할 수 있는 자격으로서" 정식화했음을 또렷하게 보여준다. 비록 후마니타스가 그리스인들에 의해 "한때 고안된 것으로 믿어지더라도", 후마니타스를 전세계로 확산시킨 것은 바로 로마인 자신들이라는 주장을 제기했던 것이다. 이러한

114

의미에서 로마인은 역사적 진보의 후견자 위치에 자리를 잡았던 것이다. 이는 하나의 주장일 뿐이었지만, **후마니타스**는 로마의 힘과 정당성을 선전하는 데 핵심적인 역할을 담당했다.[52]

후마니타스는 이항 구조에서 상위 용어로, 종속 용어인 야만성과 대조되었다. 그리스인은 야만인을 헬레네의 안티테제로 개념화했다. 그들은 헬레네를 단지 그리스어로 말하고 그리스인처럼 행동하는 사람들일 뿐만 아니라, 공통의 혈통을 가진 후손으로 규정했다. 문화적·생물학적 용어로 규정하면, 아리스토텔레스는 야만인을 자연적 노예(natural slaves)라고 했다. 야만인은 도덕적으로 미개한 사람들이었다. 로마인은 이런 식으로 — 이국적 언어, 기이한 행동, 도덕적 열등성 — '야만성 규정하기'에서 많은 것을 취했지만, 공통의 혈통이라는 이슈는 로마인에게는 문제가 되지 않았다. 그리스인에게 야만인과의 경계가 "뚜렷하고 단절되어 넘어서기 어려운 것"이었다면, 로마인은 그것을 "넘나들기가 비교적 쉬운 연속체"로 간주했다. 그리스의 강력한 분리주의적인 충동과는 대조적으로, **후마니타스**는 보다 동화주의적인 로마식 버전으로 정의되었다.[53]

당대의 학자들은 지역 공동체와 로마 권력 간의 관계를 "로마화"로 기술되는, 일종의 문화변화 관계로 나타내면서, 진보 — 후마니타스 — 의 개척자이자 후견자라는 로마인의 주장을 내면화했다. 이러한 개념은 정치권력과 문화변화 간의 직선적 관계를 가정한다. 정복이 문화변화에 자극요인을 제공한 경우에서조차 정복자의 문화가 언제나 지배문화였던 것은 아니었다. 이를 입증하는 예는 수없이 많다. 로마인들이 그리스 세계로 세력을 확장했을 때, 헬레니즘 문화가 로마인들에게 끼친 영향을 첫번째 예로 지적할 수 있을 것이다. 처음에는 몽골에 의해 나중에는 만주족에 의해 한족이 정복되었을 때에도, 중국 한족 문화는 확산되었다. 오히려 이들 정복민족들이 한화(漢化)되었다.[54] 페르시아의 언어와 문화가 인도의 무굴(그 외에도 튀르크계 종족)의 지배하에서 확산된 것도 마찬가지다. 인도의 산스크리트 문화 역시 영국의 지배하에서 확산되었다. 비아랍계 술탄왕국의 치하에서 수단의 다르푸르와 푼지에 아랍 문자와 언어가 확산되었다는 사실을 마지막 예로 지적할 수 있다.

문화의 변화 과정을 지칭하는 용어로 로마화 혹은 아랍화 같은 용어에는 여러 문제가 내포되어 있다. 상호 과정에 들어선 일방 — 로마 혹은 아랍 — 만의 이름을 따서 명명함으로써, "매우 다양한 방식으로 상호 적응하는 과정이 아니라 이미 패키지화된, 문화의 일방적인 전수를 암시"하고 그리고 "우월한 로마(또는 아랍이라고 읽어도 마찬가지다) 문화를 열등한 원주민 문화에 강요"하는 것으로 묘사한다. 이에 반해 대안적 관점은 지역을 한쪽 방향으로 흐르는 과정에서의 "대상이나 수용자"가 아닌, "지식과 능력을 갖추었을 뿐만 아니라, 자유의지를 지닌" 인간 행위자로 간주하는 것이다. 상고르(Leopold Sedar Senghor, 세네갈의 초대 대통령 — 옮긴이)가 자기 국민에게 당부했던 '동화시켜라! 그러나 동화되지는 마라!'라는 명언을 상기해보자. 로마화는 "급작스럽게 발생한, 철저한, 절대적인 동화"를 함축한다. 지역인과 로마인들을 "서로에 대해 작용을 주고받지 않을 수 없지만, 기본적으로는 분리되어 있는, 한쪽 방향으로만 흐르는 두개의 교환에 관여하는 단위"로 간주해서는 안 된다. 대안적 관점은 양자 모두가 서로를 변형시키는 과정에 관여된 것으로 보는 것이다. 그 비율이 어떤 식으로 서로 다르든 최종 결과물은 양자 모두에 관여되고, 양자 중 어느 하나와도 아주 흡사한 것은 아니기 때문에, 그 과정은 양자 모두에 대해 정체성을 변형시키는 것이기도 하다. 지역이 속주가 되는 데 그친 것이 아니었다는 것이다. 그것을 넘어서서 로마인들 역시 변형되었던 것이다. 과정의 시작과 끝에 고정화된 정체성을 상정함으로써 정체성 변형 과정을 이해하기 어렵게 만드는 고전적 저작들은 커친(Curchin)의 표현을 빌리자면, "종족별 프로파일링"(ethnic profiling)의 죄를 저지르고 있다.[55]

이러한 학자들 중에 메인은 로마를 제국의 건설자로 확

인하고 찬사를 아끼지 않았다. 이런 이유로 메인은 로마와 근대 유럽의 식민제국 사이에, 특히 대영제국 사이에 존재하는 몇몇 중요한 차이점들을 망각하는 경향이 있다.[56] 무엇보다 가장 큰 차이점은 로마제국이 오랜 기간 동안 존속했다는 사실이다. 브런트(Peter Brunt)는 "플라시 전투에서 불과 200년도 채 지나지 않아 인도가 독립"했지만, 그에 반해 "로마가 처음으로 획득했던 속주들에서 로마의 지배는 600년간 지속되었다"는 사실을 지적한다. 브런트의 의견에 따르면, "로마의 지배와 비교해보았을 때, 영국제국의 성장은 하루살이의 그것에 불과했다".[57] 다음으로 큰 차이점은 두 제국의 조직 방식이 서로 다르다는 데 존재한다. 그뿐만 아니라 근대 유럽의 제국과 식민지는 물리적 인접성이 없었다. "원주민들은 그들 자신의 환경에서 벗어나지 못했고, 식민지들은 단 한번도 실질적인 의미에서〔식민지 모국에〕통합된 적이 없었다."[58] 이와는 반대로, 로마제국은 "주변에 있는 민족들을 하나하나 잇따라 정복하고 흡수하면서 성장했다". 식민지의 예속민은 더 이상 피지배자로서의 정체성을 갖지 않게 되었고, 식민지 엘리트는 로마시민이 될 수 있었다.[59]

그리스 세계나 근대 서구제국과는 달리, 로마제국은 "외국인 공동체 전체를, 그들이 완벽한 권리를 지닌 시민으로서든 혹은 투표권이 없는 시민으로서든 간에, 정치체에

118

합병함으로써" 확대하려는 경향이 있었다.[60] 속주의 엘리트들이 로마문화를 열심히 흉내내어 이에 상응하는 정치적 권리를 요구했을 때, 로마는 그들을 내치지 않고 포용했다.[61] 근대 서구의 제국에서와 달리, 로마 속주의 정치적 의식이 있는 사람들이 체제에 대해 거의 불만이 없었던 이유가 바로 그것이다. 브런트는 "로마의 지배가 갈리아에서 점차 소멸되던 세기에 어떤 갈리아의 시인이 정복당한 이들에게 권리를 나눠줌으로써 세계를 통합했던 도시로서 로마를 칭찬했다"는 사실을 상기시킨다. 그리고 다음과 같이 덧붙였다. 이것은 "영국 식민지에서 독립하는 날 얼마나 많은 사람들이 환호하는지와 너무나 비교된다!"[62] 최소한 서구에서 "로마인들은 불평의 기억을 남겨두지 않았다. 오히려 유럽의 통합에 대한 지속적인 열망을 남겨두었다. 그리고 기독교가 로마 색채를 띠게 되었을 때, 기독교 통합에 열망도 형성되었다".[63]

만약 로마제국이 영역을 확대해가는 과정에서 —— 로마가 다문화의 중심지로 전환하는 과정에서 —— 지역 엘리트를 흡수해간 능력과 비견할 만한 능력을 갖춘 또다른 제국이 존재한다면, 그것은 오스만제국이지 결코 영국이나 프랑스 같은 근대 서구의 제국들은 아닐 것이다. 대영제국에서 로마제국과 비견할 만한 것이 존재한다면, 그것은 1857년 이전의 인도의 직접지배체제였다. 이 시기는 공리주의

자들이 인도 엘리트들을 영국화하고 동화하고자 시도한 시기였다. 1857년 이후의 100년간 대영제국은 엘리트에 초점을 맞춘 동화주의적 정책으로부터 대중에 기반한 문화주의적 정책으로 전환했다. 문화주의적 정책의 초점은 엘리트를 문명화하는 것이 아닌 대중의 주체성을 형성하는 데 놓여졌다. 간접지배로 알려져 있는 이 기획은 최소한 이러한 의미에서는 로마인들이 꿈꾸거나 실천한 것들보다 훨씬 더 야심찬 것이었다고 할 수 있다.

제3장

정착민과 원주민을 넘어서
탈식민지화의 이론과 실제

탈식민화는 인텔리겐치아와 정치계급이라는 민족주의 운동을 추진한 두 집단이 몰두한 사명이었다. 그들은 국민국가를 형성하는 일에 착수했다. 전자는 독립국가에 역사를 부여하고, 후자는 국민주권의 토대로서 공통의 시민권을 만들어내고자 했다. 두가지 시도 모두 내전이 한창 진행될 때 전개되었다. 이제 다음과 같은 것에 대해 물어볼 차례다. 우리는 여태 무엇을 배웠는가? 우리는 세계주의적인 다원주의의 후견자라는 정착민의 자기주장으로부터, 그리고 기원과 진본성에 대한 원주민들의 집착으로부터 지금 얼마나 벗어나 있는 것일까?

지적 비판

직접지배에서 간접지배로의 전환은 몇몇 변화들과 함께 진행되었다. 이러한 변화들 중의 하나가 지배의 언어에서 일어났다. 문명이라는 언어가 전통이라는 언어로 바뀌었다. 지배의 지역 매개자들 또한 교육받은 계층에서 "전통적인" 부족장으로 바뀌었다. 직접지배는 서구식 학교 및 교육제도의 구축과 함께 이루어졌다. 식민지 지배의 가시적인 사회적 신호는 영어를 구사하는 법률가 같은 식자층의 증가였다. 간접지배로 전환되자 교육받은 계층에 대한 식민 당국의 태도는 희망에서 의심으로 급변했다.

영국인들은 인도·말레이시아·서인도제도 같은 19세기 식민지에서 학습한 식민지 경영의 교훈을 통째로 그대로 아프리카로 가져왔다. 루가드 경(Lord Lugard) 같은 아프리카의 핵심적 영국 행정가들이 인도에서 식민지 지배에 참여했던 경험을 지니고 있었던 것은 어쩌면 당연한 것이었다. 루가드는 인도와 버마에서 식민지 관리로 근무했는데, 이후에는 아프리카 적도 지역으로 가서 일확천금을 노리는 상아 사냥꾼이자 상인이 되었다. 루가드는 후에 대영제국의 동아프리카 회사에 들어갔다. 간접지배의 선구자로서 루가드는 북 나이지리아에서 간접지배의 관례를 체계화했고, 이와 관련된 내용을 『이중의 위임』(*The Dual*

Mandate)이라는 책에 적었다. 루가드는 나이지리아가 "인도식 고질적 질병"을 피해야만 한다고 단호하게 주장했다. 인도식 질병이란 태생적으로 민족주의적 선동으로 기울어 있는 원주민 인텔리겐치아를 의미한다.

이러한 전환은 근대 시기 식민지에서 고등교육이 걸어온 역사를 보면 가장 잘 드러난다. 18세기에서 19세기 중반까지 제국은 자신만만한 승리자였다. 이 시기 제국은 식민지 문명화를 가장 중시했다. 대학은 이러한 사명에서 가장 중요한 자리를 차지했다. 그러다가 19세기 중반 제국이 도전에 직면했을 때, 수세적 입장으로 돌아섰고 근대성 대신 질서를 선택했다. 고등교육은 더이상 우선 대상이 아니게 되었다. 이러한 전환은 중앙아프리카와 같이 가장 늦게 식민지화된 곳에서 두드러지게 드러났다. 베를린 회의(Berlin Conference) 결과로 식민지화된, 사하라 사막과 림포푸 강(Limpopo River) 사이에 위치한 지역이 바로 그러한 곳이다.

1960년대 세계적인 언론매체들은 대학 졸업자의 수가 실제로 극소수인 아프리카 식민지가 어떻게 연이어 독립을 달성해가는지에 대해 보도를 쏟아냈다. 탕가니카·콩고·니아살랜드·북로디지아 등 리스트는 끝도 없이 이어졌다. 콩고는 독립할 때 대학 졸업자가 단 9명뿐이었다. 독립 탕가니카의 대통령 므왈리무 니에레레(Mwalimu J. Nyerere)

의 말을 빌리면, "영국인들은 우리를 43년간 지배했다. 그들이 떠났을 때, 교육받은 엔지니어는 2명, 의사는 고작 12명뿐이었다. 이것이 바로 우리가 물려받은 나라의 현실이었다".[1] 중앙아프리카의 식민지들은 두 집단으로 나뉜다. 독립할 당시 대학이 하나도 없는 식민지가 대부분이었다. 따라서 단 하나의 국립대학이라도 보유하고 있다는 것은 ── 국가·국기·통화와 더불어 ── 진정한 독립을 위한 필수적인 상징이 되었다. 단 하나라도 대학을 보유하고 있었던 식민지는 몇 안 되었으며, 대학은 통상 해당 지역에 기여할 것으로 생각되었다. 예를 들어 우간다 캄팔라에 소재한 마케레레대학(Makerere University)이나 나이지리아의 이바단대학(University of Ibadan)이 그러했다. 1961년 독립 당시 나이지리아에 대학은 단 하나만 존재했고, 대학생 수는 1,000명이었다. 1991년이 되면 나이지리아의 대학 수는 41개로 늘어났고, 대학생 수는 13만 1,000명에 이른다. 나이지리아가 예외적인 것은 아니다.[2] 아프리카에서 대학의 발전은 주로 식민지 이후 시대에 이루어졌다.

민족주의 정부들은 개발주의적인 대학을 구축했다. 민족주의가 국민국가 건설 기획으로 전환될수록, 개발주의적 대학이 국가가 확정한 현안을 이행해야 한다는 압박이 더욱 강해졌다. 관료들은 민족주의 및 민족주의적 엘리트에 대한 비판과 비판적 사고를 점차 동일시하게 되었다.

실로 대학은 모순적인 처지에 놓이게 되었다. 대학은 비판적 사고뿐만 아니라 반체제 정치 엘리트의 발생지이기도 했다. 비판은 야심을 가려주는 가면이 될 수 있었고, 실제로 가면 역할을 수행했다. 더 많은 교수들이 마치 차기 장관인 것처럼, 어떤 경우에는 차기 대통령인 것처럼 행동했다. 그럴수록 그들의 비판의 목소리는 자기 잇속을 차리는 것으로 간주되었다. 유일정당체제의 경우, 대학은 야당의 성격을 띠었다. 정부 권력과의 대결은 왕왕 파업과 동맹휴업을 초래했다.

민족주의자들이 민주주의자가 되고자 하는 경우는 흔하지 않았다. 워싱턴(George Washington)에서 시작하여 인디라 간디(Indira Gandhi. 인도의 초대 여성 수상 — 옮긴이)와 무가베(Robert Mugabe. 짐바브웨 대통령 — 옮긴이)에 이르기까지 모두 그랬다. 또한 이러한 리스트에 최고의 정치가로 꼽히는 니에레레와 은크루마(Nkrumah. 가나 대통령 — 옮긴이)도 포함되지 않을 수 없다. 이들 모두는 야당을 파벌주의와 배반의 표상으로 간주하는 경향이 있었다. 식민지 이후의 아프리카에서 대학은 고도로 정치화된 기관이었다. 이러한 정치화는 때때로 학문적 자유와 지적 몰입을 희생시키면서 이루어졌다. 현실 관련성과 학자의 길 사이의 균형에 도달하기 위해서는 자율적인 지식인으로서의 활동이 담보되어야 한다. 그런데 이러한 자유로운 활동의 전제 조건은 몇 안 되는 학자들이 적재적소에 배치되어 상당한 응집력을 가진 제도적 생활을 일구어내는 것이다. 이러한 수준에 도달했던 몇 안 되는 국가 중에 나이지리아와 남아프리카 공화국이 있다. 인종과 부족에 관한 식민주의적 전통을 대신하는 대안적 역사서술이 처음으로 개발된 곳이 나이지리아였다는 것은 전혀 놀라운 사실이 아니다.

나이지리아 자리아의 아마두벨로대학(ABU, Ahmadu Bello University) 역사교수이자 탈식민시대 지식인 중 최고봉에 위치한 학자인 우스만(Yusuf Bala Usman)의 저서에 대한 논의에서 시작해보자. 필자가 우스만을 마지막으로 만난 것은 2005년 자리아의 아마두벨로대학에서였다. 우스만은 저녁에 만나 맥주 한잔 하자는 제안을 했다. 나는 깜짝 놀라 "하지만 이 나라에는 샤리아 법을 지켜야 하지 않습니까?"라고 물었다. 그는 "걱정하지 마세요. 대학 교직원 클럽은 연방정부 소속의 땅입니다. 국가법은 그곳에서는 적용되지 않습니다"라고 답했다. 그의 말이 옳았다. 그날 저녁 우리는 아마두벨로대학 교직원 클럽에서 고기를 안주 삼아 기분 좋게 맥주를 마셨다.[3]

우스만이 집필하던 당시, 아프리카의 역사가들은 역사 사료의 문제에 골몰하고 있었다. 구술 증언이 역사적 정보를 전달하는 자료로서 기록된 사료만큼 신빙성이 있는지의 문제를 두고 역사가들 사이에서 논쟁이 벌어지고 있었다. 구술역사가들이 얼마나 수세에 몰려 있었는지는 원로 역사가 중의 한 사람인 반시나(Jan Vansina)가 위스콘신대학에서 했던 발언에서 잘 드러난다. 우스만이 너무나 실망했던 것은 반시나가 그의 동료 역사가들에게 구술사료들은 "정보를 제공하는 세계관의 관점에서 검증되어야만 한다"라고 경고했다는 점이다. 그래야만 그러한 사료들이 "왜곡"과 "채색"에서 벗어나 "일정 한도 내에서 일정 정도의 신뢰를 얻을 수 있다"라는 것이다. 우스만은 왜 그러한 검증이 구술역사에만 적용되어야 하는지 모르겠다고 의아해했다. 우스만은 그와 같은 동일한 비판적 접근이 왜 "지난 500년간 정말 광범위하게 사용되었던 아프리카 역사의 사료들, 즉 유럽 여행가, 상인, 선교사, 기업, 정부 그리고 그들의 대리인들에 의해 기록된 사료들에게는 확장 적용되지 않는지" 모르겠다며 의아해했다.[4]

우스만은 모든 사료가 ─ 구술사료 뿐만 아니라 기록사료도 포함하여 ─ 편견의 영향을 받을 수밖에 없다고 보았다. 사료에 담긴 편견을 알아내는 것은 역사서술에서 첫단계에 불과하다. 더 중요한 문제는 이러한 편견을 찾아내고 다루는 방법에 관한 것이다. 모든 역사가들이 그러한 딜레마에 직면하게 되는 이유는 다음 두가지다. 일단 다음과 같은 사실로부터 논의를 시작해보자. 우스만은 "어떤 사건이 특정한 장소 혹은 특정한 시간에 발생했다고 확증하는 것은, 그 사건에 대한 얼마나 많은 상세한 정보가 있는가와 전혀 상관없이, 역사의 재구성 자체를 확립하는 것이 아니"라고 확신하고 있었다. 왜냐하면 "역사를 재구성하기 위해서는 일련의 사건들을 과정으로서 인지하고 이해할 수 있도록 하는 설명의 기본 프레임이 필수적"이기 때문이다.[5] 역사는 일종의 내러티브로 작성된다. 그런데 ─ 장편소설, 비극, 희극, 풍자극 같은 ─ 내러티브 형식은 그 자체로 성립하는 것은 아니다. 그것은 선택되어야만 하는 것이다. 여기에 덧붙여 "매우 근본적인 문제", 즉 "거리, 간격, 객관성"의 문제가 존재한다. 이 문제는 "연구자와 연구 대상의 관계"로부터 발원한다.[6] 우스만은 그것에 대해 다음과 같이 서술했다.

이것이 물리학 및 자연과학과 인문과학에 내재한 근본 문제다. 이 문제가 역사와 사회에 대한 연구를 물리 및 자연 현상에 대한 연구보다 좀더 근본적이고 복합적인 것으로 만드는 것이다. 역사를 인지하는 역사연구가는 역사에 의해 만들어지고 조형된다. 그가 사용하는 개념은 역사적으로 규정되고 생산된다. 또한 그는 자신을 만들어내고 조형하는 대상을 관찰하는 데 관여한다. 이것은 이를테면 바위와 식물에 대한 연구보다 훨씬 더 복합적이고 주요한 사안이다. (⋯) 사회와 역사를 공부하는 우리 동료 중의 일부가 물리학 및 자연과학의 엄밀성과 계량화로부터 깊은 감명을 받아, 이러한 과학의 위엄으로 간주하는 것을 뒤쫓아 모방하려 하고 있다는 것은 매우 불행한 일이다. 그들은 과학적 방법론을 추종한 나머지, 필요한 것은 결국 보다 나은 기술과 보다 나은 성능의 컴퓨터를 개발하는 것일 뿐이며, 만약 그렇게 된다면 당신들은 역사연구를 원자연구와 동일한 수준으로 축소시킬 수 있을 것이라고 생각하는 것처럼 보인다. 그러나 실제로 도입하는 기술이 아무리 훌륭한 것이라고 하더라도, 당신들이 연구하고 있는 것은 바로 당신 자신이라는 현상학적 사실은 결코 제거될 수 없다는 점을 깨닫게 되고 말 것이다. 당신은 당신이 당나귀나 바위와 관계를 맺는 방식으로 당신 자신과 관계를 맺을 수는 없다. 절대로 그럴 수는 없다![7]

우스만은 이것을 다음과 같은 말로 요약했다. "역사 밖에 존재하는 '객관성'이란 있을 수 없다."[8] 그러나 그에 따르면, 이것이 곧 우리가 진퇴양난의 상황에 갇혀 있음을 의미하지는 않는다. 탈출구는 바로 역사서술에 정보를 제공하는 범주, 개념, 가정에 대해 의식하는 것이다. 특정 문제로부터의 탈출구는 그 특정 문제에 대해 의식하는 것이다. 우스만은 이러한 것을 두가지 단계로 나누어 설명했다. "모종의 특수 범주, 개념, 가정 없이 역사를 재구성하는 것은 (…) 불가능하다. 여기서 말하려는 것은 이러한 것을 의식적으로 수행하지 않는다면, 역사가는 부지불식간에 특정 유형의 일차 사료들의 개념적 포로가 되고 만다는 것이다."[9] 두번째 단계는 현재의 관점에서 과거를 바라보는 것 외에 다른 선택의 여지가 없음을 인정하는 것이다. "(…) 역사연구의 목적은 역사적 과정을, 그것에 영향을 줄 목적으로, 파악하는 데에 있다. 그렇다면 어느 시대에 대해서든 유일하게 올바른 개념적 프레임은 그 시대의 방향을 실제로 결정짓는 데 토대를 제공하는 것이다. (…) 필자가 강조하려는 것은 당신들이 과거에 대해 갖는 모든 관점이, 현재 당신들이 무엇을 해야만 하는지와 관련하여 특수한 의미를 함축하고 있다는 점이다."[10] 역사를 제대로 쓰기 위해서는 어느 정도의 자기성찰이 반드시 필요하다. "당신들이 당신들 자신의 역사성을 인지하게 된다면, 당신들이 사용하는 개념의 역사성을 깨닫게 될 것이다. 그러면 당신들은 가만히 앉아서 마치 이러한 개념들이 하늘로부터 당신들에게로 뚝 떨어지는 것처럼 수용하려 들지는 않을 것이다."[11]

우스만의 역사서술에 대한 논의는 19세기 말 독일 학자이자 탐험가인 바르트(Heinrich Barth)에 대한 비판으로부터 시작했다. 1950년대와 1960년대의 아프리카에 대해 글을 쓴 거의 모든 중요한 서구 학자들이 바르트의 저작을 의심의 여지가 없는 확실한 근거로 여겼다는 점을 우스만은 알고 있었다. 로트버그(Robert Rotberg)는 바르트가 "그가 여행했던 지역에 사는 민족들의 역사에 (…) 정통"하다고 말했다. 커틴(Philip Curtin)은 바르트의 현대적 방식에 대한 학문적 성과를 칭찬했다. "그는 아프리카 역사의 문제들을 풀어내기 위해 민족지학, 언어학, 문헌상의 근거를 사용한다." 커크그린(Anthony Kirk-Greene)은 바르트가 보여준 "아프리카인과 아프리카에 대한 공감"을 극찬했다. 그것은 "바르트의 뛰어난 개인적 자질이자 오늘날 아프리카에 살고 있는 유럽인들의 모델"이라는 것이다. 무엇보다도 호지킨(Thomas Hodgkin)은 바르트를 "북부 나이지리아에 관한 한, 후대의 역사가들이 작업할 때 준수해야만 했던 준거틀을 세운 나이지리아의 가장 위대한 역사가로 치켜세웠다".[12]

우스만은 "물리적·유전적 특성에 대한 (…) 바르트의 엄청난 집착"에 초점을 맞추었다. 그것은 역사가들, 특히 탈식민 시기 역사가들이 사용한 개념들의 역사성을 인정하는 것이 왜 중요한지 보여주기 위해서였다. 우스만에 따르면, 바르트는 "지배계급 성원들은 '예속민'과는 다른 인종에 속한다"라는 가정에서 출발하면서, 이러한 차이는 "그들의 신체적 특성과 일반적인 태도 및 행동에서 뚜렷하게 드러난다"라는 결론을 도출해냈다. 그러나 "[바르트가] 만난 지배계급 성원 다수가 [바르트가] 이미 가정하고 있던 원형에 들어맞지 않을" 때, 바르트의 대응은 "가정했던 것과 그가 발견한 것 사이의 차이점을 다른 인종 사이의 잡혼(miscegenation. 이종족혼교로 특히 백인과 흑인과의 혼교—옮긴이)의 관점에서 설명하는 것이었다". 우스만은 바르트의 이러한 식의 설명은 식민지 이전 아프리카 수단 지역의 역사의 특성으로부터 발원한 것이 아니라, 19세기 유럽의 역사서술의 지배적인 전통을 단단히 묶어내는 인종주의적인 편견에서 발원했다는 논지를 펼쳤다. 우스만의 주장에 따르면, 이러한 편견들이야말로 수단의 사회와 역사에 대한 서술을 추동하는 가정, 다시 말해 "사회와 역사의 기본 단위는 인종, 민족 그리고 부족"이라는 가정을 설명해주는 것이다. "바르트의 구상에서 주요 역사적 변화는 인종과 부족 간의 갈등과 전쟁, 정복과 흡수라는 관계의 변화에 뿌리를 두고" 있다는 것이다.[13]

인종과 부족에 대한 집착은 그보다 더 큰 집착, 즉 전통에 대한 집착의 한 부분이었다. 우스만의 논지에 따르면, "나이지리아 역사에 대한 지배적 인식은, 이 나라에 살고 있는 사람들이 식민지 정복 이전에는 이른바 '전통사회'라 불리는 사회들에서 살았다는 것으로 정리된다. 이때 이러한 '전통사회들'은 다양한 규모를 가진 그리고 서로에 대해 다양한 관계를 맺고 있는 부족 혹은 인종 집단으로 구성된 것으로 간주되었다".[14] 전통이 역사서술에 적용될 때는 두가지 목적에 봉사한다. 우선 아프리카 사회는 정체되어 있고 모든 변화는 위로부터 추진되었다는 편견을 정당화하는 것이다. 역사가들은 변화하지 않는 공동체와 실제적 변화의 장으로서 역동적 국가를 대조했다. 다음으로 변화하지 않는 전통에 대한 호소는 이러한 역동적 국가가 어쩔 수 없이 외부 영향의 산물일 수밖에 없다는 가정의 구성 부분이 된다. 전통이 일종의 수사학적 도구로 기능하기도 했다. 역사서술의 모든 부분이 특정 지점에서 출발해야만 했기 때문에, 이러한 지점에 대한 배경은 더이상 역사적 운동이 아니라 "전통"이 되어야만 했던 것이다. 우스만은 전통에 대한 담론이 실제로는 역사적 무지를 승인하는 것이라고 주장한다. 우스만은 자신의 박사학위논문에서 카치나(Katsina. 나이지리아 북부의 도시 —옮긴이)의 정치사를 서술하면서 14세기 자치도시로부터 시작했다. "서로 다른 가계와 직업 집단으로 구성되었던" 자치도시의 권위는 "특정 종교 숭배와 결합되어 있었다". 이러한 체제는 "15세기 중반 경 사라우타 체제(Sarauta system, 1450~1804)로 전환했는데, 다양한 **사라우투**(Sarautu, 공직)의 중심에는 사르킨 카치나(카치나 왕 또는 카치나 영주)가 있었다". 사라우타 체제에서 공직자들은 "대개 (…) 노예와 자유인으

3장 정착민과 원주민을 넘어서 133

로 구성되었고" 정부는 주로 "노예, 환관, 자유인 출신 평민으로 이루어진 관료"에 의해 운영되었다. 사라우타 체제는 1796년에서 1804년 사이에 전개된, "단포디오(Shehu Usman Danfodio)의 지도 아래 있던 지식인인 말라마이(mallamai. 학식 있는 쿠란 학자—옮긴이)가 주도한 운동에 의해 전복되었다. 이 운동은 자마아(Jama'a)로 알려졌는데, 후일 반대파들은 이것을 인종화하여 "풀라니운동"이라고 명명했다. 결국에는 귀족층의 성장과 함께 소코토(Sokoto)의 부(副) 칼리프였던 카치나 에미르(the Emir of Katsina)가 이끄는 에미라트 체제(약 1816~1903)가 발전하게 되었다. 14세기 이후 카치나의 역사를 다섯개의 시대로 구분한 뒤, 우스만은 전통에 의해 구동된 내러티브가 지닌 문제를 다음과 같이 지적했다. "만약 당신이 카치나의 전통적 정치체제가 무엇인지에 대해 말하고자 한다면, 다섯가지 중 어떤 것을 선택할 것인지 확정지어야 할 것이다."[15]

전통에 대해 이러쿵저러쿵 하는 매순간에도 체제는 끊임없는 역사의 변화 속에 놓여 있음에도 불구하고, "고정적이고 변하지 않는 것"으로 굳어진다. 한걸음 더 나아가 이러한 체제들은 "인종화되고 부족화되고 만다". 왜냐하면, "사람들은 카치나, 베냉(Benin), 오요(Oyo)의 (전통적인) 정치체제 혹은 티브족(the Tiv)의 다양한 타르(tars. 씨족을 뜻함—옮긴이)의 정치체제만을 언급하는 것이 아니라,

하우사족(Hausa)·요루바족(Yoruba)·에도족(Edo)의 정치체제의 관점에 대하여 언급하기 때문이다. (…) 오바(Oba. 요루바어로 왕 또는 지배자—옮긴이) 제도 혹은 사르키(Sarki) 제도는 요루바족과 하우사족의 독특한 제도로 변모되고 만다. 그리고 일단 당신들이 이러한 정치체제 혹은 역사적으로 규정된 대상을 특정 종족에게 독특한 것으로서 만드는 이와 같은 식의 태도를 취한다면, 당신들은 특정 종족의 특정 재능에 대해 이야기하는 것으로 끝맺음을 하게 되고, 그럼으로써 결국 인종주의로 귀착하게 된다. (…) 사람들이 공통의 언어를 말하고, 구상 수준에서 유사성을 공유하고 있을 때, 몇몇 관념에서의 유사성이 존재한다고 인정할 수는 있다. 그렇지만 당신들이 정치적·경제적·사회적 조직을 언급하려면, 이보다 훨씬 더 견고한 기반에 서 있어야만 한다".[16]

그러나 전통에 대해 이러쿵저러쿵 하는 것은 단순히 과거를 경화시키고 과거에 잘못된 의미를 부여하는 것 이상을 의미했다. 전통에 대한 언급은 단순히 특정 과거를 신성화하는 것을 넘어 특정 현재를 정당화하려 했다. "우리가 전통사회라고 믿고 있는 것은 과거의 어떤 시점에 존재했던 것이 아니다. 그것은 본질적으로 식민지적 또는 신식민지적 현재에 존재했던 것이다."[17] 우스만은 전통의 현재적 의미는 정치적이라고 주장했다. 이는 시장경제 통합

효과를 억제하기 위한 전면적 노력의 일환이었던 것이다. "영국인들이 정착과 관련하여 채택한 정책은, 이미 진행 중에 있었고 식민지 경제의 도입에 의해 영향을 받고 있던, 통합 과정을 그들이 애써 막으려고 했다는 점을 명확하게 보여준다." 시장 형성과 통합 과정은 아마두벨로대학 역사교수인 터커(Mahmud Tukur)의 박사학위논문 주제였다. 그의 지적에 따르면, 이 두가지 과정은 식민지 지배가 시작되기 훨씬 오래전에 진행되어왔다. "자리아는 버닌 자리아(Birnin Zaria) 자체에 누페어(Nupe)와 요루바어를 사용하는 공동체를 갖고 있었다. 이 민족들은 그 곳에 수세기 동안 거주했고 그들 중 일부는 누페 자자가와(Zazzaga-wa)와 요루바 기원의 자자가와가 되었지만, 모두가 자자가와인 것은 동일했다." 식민지 시대 철도 건설과 함께 "나이지리아 전역으로부터" 자리아로 유입되는 이주민의 수가 증가했다. 이것이 바로—"당시에는 그 지역을 어떻게 불렀는지는 모르지만"—사본 가리(Sabon Gari. 나이지리아 어로 이방인 거주 지역—옮긴이)가 발전하게 된 과정이다. 영국인들은 이러한 과정을 행정적으로 차단하기 위해 노력했다. 우선 "그 지역의 토착민이 아닌 사람들은 자리아 시에 거주할 수 없다"라는 칙령을 선포했다. 비토착민은 "무슬림은 사본 가리에 살아서는 안 되고" 터던 와다(Tudun Wada)로 이주해야만 한다는 취지의, 1920년대에 시행된

또다른 규정을 따랐던 것이다.[18]

우스만은 정치적 정체성에 대한 논의를 역사화하고자 노력했다. 그는 스미스(M. G. Smith)를 비판하는 글에서 "중앙 수단 지역의 사회와 역사에 대한 서술에서 주로 사용하는 범주는 '하우사족' '폴라니족' '하베'(Habe) '카누리족'(Kanuri) '투아레그족'(Tuareg) 및 기타 이와 유사한 유형의 범주들"이었다고 지적했다. 역사적 과정을 오로지 종족적 혹은 인종적 범주만을 사용하여 바라보는 일차원적 관점은 그 모든 다양성을 단조롭게 만들 뿐이라는 것이다. 그리하여 이 사회들이 "서로에 대해 지배 및 종속 관계를 맺고 있는 종족 집단들의 혼합체로서" 보이는 한, "중부 수단의 정치적 공동체가 생성되고 전개되어온 역사적 과정을 파악하는 것은 가능하지 않다"라는 것이다. 이때 역사가는 "아프리카 역사와 사회의 기본운동이 종족 집단들 간의 분쟁과 갈등이라는 가정"[19]에 의해 선(先)결정되는, 그리고 다시금 이러한 가정을 강화시키는 자료들을 수집하는 사람으로 전락한다는 것이다. 우스만은 다음과 같이 되묻는다. 지금 존재하고 있는 정체성을 외부로부터 주어진 것으로 간주한다면, 그리고 그것을 역사적 시간을 가로질러 일반화한다면, 오랜 기간에 걸친 정체성 형성 과정을 어떻게 이해할 수 있을 것이며, 문화적 변화, 경제적 발전, 정치적 전환이라는 보다 큰 과정에 이를 어떻게 연결시킬 수 있을 것인가?

만약 사람들이 다종족 공동체에 살았다는 사실이 증명될 수만 있다면, 친족이 인간의 ─ 사회적·경제적·문화적 ─ 삶을 이해하는 데 유일한 열쇠라는 편견을 버리지 못할 이유가 있을까? "만약 역사가 인간의 경제적·정치적·문화적 활동에 관한 것이라면, 함께 살고 동일한 활동에 참여하는 사람들이 공통의 역사 혹은 역사적 연상(聯想)을 어떻게 공유하지 않을 수 있겠는가?" 이것이 우스만이 스미스의 저작을 논평하면서 던졌던 질문이다. "그렇지만 만일 스미스가 말하는 '역사' 혹은 '역사적 연상'이 역사적 활동 혹은 과정이 경험되고 인지되는 방식을 의미한다면, 그는 왜 정착민 풀라니족이 유목민 풀라니족과 경험을 공유하는지를 보여주어야만 한다. 그리고 이슬람교도 하베가 이교도 하베와 종사하는 일, 종교, 지역의 차이에도 불구하고 동일한 경험을 공유하는지를 보여주어야만 한다."[20]

우스만은 식민지 이전의 아프리카에 존재했던 정치적 공동체의 역사적 운동을 이해할 수 있는 대안을 제시했다. 정리하자면, 우스만은 하우사어를 사용하는 하베족과 풀풀데어(Fulfulde)를 사용하는 풀라니족으로부터 시작해 핵심적인 종족적 및 인종적 범주를 해체했다. "발생학적 기원을 살펴보면, 하우사어를 사용하는 종족, 즉 하베족은 동일한 조상으로부터 내려오는 전통을 보유하고 있는 것은 아니다."[21] 그들이 보유하고 있는 전통은 공통의 언어를 사용한다는 것인데, 그러한 전통은 기껏해야 17세기부터 시작된 것이다. "(…) 현재 하우사어라고 불리는 언어에 언제부터 '하우사'라는 명칭이 붙여졌는지 확실하지 않다. 달리 말해 하우사어의 어떤 방언에 이 명칭이 처음으로 적용되었는지 확실치 않다는 말이다. 서부 하우사 지역의 방언의 현재 용법으로 미루어 판단해보건대, 이 명칭은 아마도 이러한 서부 방언에 처음으로 붙여졌거나, 아니면 지금은 사라져버린 다른 언어에 처음으로 사용되었던 듯하다. 그러나 17세기 무렵까지는 하우사 바쿠와이(Hausa Bakwai)라는 용어가 사용되었고 카나와(Kanawa)는 더 큰 단위로서 하우사 바쿠와이에 속하는 것으로 간주되었다."[22] 그렇지만 이런 접근이 정치사에 대한 단서를 충분히 제공하지는 못했다. 단서를 찾으려면, 언어를 넘어 로컬리티를 살펴볼 필요가 있다. "자자우(Zazzau)의 무슬림과 비무슬림 '하베족'의 일부"의 경우 공통 기원은 "영토적 혹은 정치적 차원에서 확인할 수 있지만, 계보적 차원에서는 확인할 수 없음"은 명확하다.[23] 심지어 풀라니족의 경우에도 "사회적 연대를 결정짓는 명확한 요소 중 하나"로서 계보적 기원의 역할은 가문과 씨족의 수준에 제한되었다. 우스만이 지적했듯이, 풀라니라고 불리는 종족의 정치사는 식민시대 훨씬 이전부터 오랫동안 학자들의 주요 관심거리였다. "사크와토(Sakkwato) 학자들이 풀풀데어를 사용하는 사람들이 형성되는 과정에서 계보적 기원, 영토적 기원 및 언어 같은 다양한 요소들이 융합되었다는 사실에 주목했다는 것은 명백하다. 우리는 그와 같은 이슈들을 검증하는 것으로 시작해야만 한다."[24]

하베족이나 풀라니족은 언어를 기반으로 한 응집력 있는, 즉 의미 있는 내적 차이가 없는 집단으로 존재했다고 볼 수 없다. 하베족 내부에 무슬림과 비무슬림의 중요한 차이가 있었던 것과 마찬가지로, 풀라니족 내부에도 정착 풀라니족과 유목 풀라니족의 역사적 형성 사이에는 중요한 차이가 존재했다. 이러한 차이는 또다시 계보가 아니라 로컬리티에서 파생된 것이었다. "풀풀데어를 사용하는 대부분의 카사르 하우사(Kasar Hausa)족은 계보적 기원의 공통성에서가 아니라 영토 혹은 마을로부터 그들의 정체성을 끄집어냈다. 하우사족은 영토나 마을에서 고유한 단위로 행세할 수 있었거나 아니면 그러한 장소와 스스로를 밀접하게 연관지을 수 있었다."[25]

풀라니족이라는 정체성은 시간이 지남에 따라서 변화했으며, 18세기에는 언어적 정체성이었지만 19세기에 와서는 정치적 구역 혹은 종사하는 일을 드러내는 정체성으로 변모했다고 우스만은 주장했다. 우스만의 논지는 다음과 같다. 역사발전이 변화함에 따라 하베족이라는 의미도 모종의 변화가 있었을 것으로 기대해볼 수 있다. 수사적으로 표현하자면 하베족은 이를테면 언어, 문화, 종사하는 일의 범주에서 풀라니족으로 규정될 수 없는 모든 자들을 포함하는, 단순한 거주 범주 그 이상을 의미하는 범주로 변화된 것은 아닐까?[26] 만일 그렇다고 가정한다면, 상호연관적 정체성으로서 풀라니족과 하베족의 역사적 발전 과정은 중앙아프리카의 투치족과 후투족의 역사적 발전 과정과 매우 흡사하다. 한쪽이 특권의 결정화를 의미하는 정체성을 갖고 있다면, 다른 한쪽은 그것의 부재를 의미하는 정체성을 갖고 있다. 우리가 풀어야 할 학문적 과제는 정치적 정체성의 전개 과정을 국가 형성 과정에 대한 역사적 이해속에 위치짓는 것이다. "우리는 이제 우리의 중요한 과제 중의 하나, 즉 아프리카의 역사적 실재와 현재의 특성을 이해하기 위한 개념적 프레임을 만들어내어야 한다는 과제와 직면하게 될 것이다. 그러한 이해야말로 아프리카 대륙의 종족들로 하여금 현재 시기에서 자신의 필요와 상황에 적합한 정치적 공동체를 만들어갈 수 있게 할 것이다."[27]

이미 이러한 과제를 충분히 이해한 두명의 선구적인 학자가 있다. 이바단대학(University of Ibadan)의 다이크 (Kenneth Onwuka Dike)와 아마두벨로대학의 역사학부 창시자인 스미스(Abdullahi Smith)다. 다이크는 1950년 자신의 박사학위논문을 1956년에 책으로 발간했는데,『니제르 델타의 교역과 정치 1830~1885: 나이지리아의 경제·정치사 입문』이라는 제목을 붙였다. 다이크는 니제르 델타로 유입되는 이주민들에게 초점을 맞추었다. 그러면서 이런 이주를 한편으로는 토지 기근, 다른 한편으로는 노예제와 노예무역의 필연적 결과로 설명했다. 다이크는 오래된 종족 단위를 넘어서는 공동체가 어떻게 출현하는지, 그리고 이러한 정치체들이 어떻게 부족적인 것으로 간주될 수 없는지를 보여주었다. "게다가 '도시국가'라는 용어가 부족국가라는 용어보다 좀더 적합한 명칭이다. 이주 시기 동안 부족 단위가 해체되었고, 노예교역이 사람들의 뒤섞임을 더욱 가속화시켰기 때문이다. 따라서 19세기에 델타 국가들은 연속성을 기반으로 구분되지 않았다. 그리고 인구조사 시기에 시민권은 점차 혈통보다는 주거지역에 의존하게 되었다."[28] 다이크가 지적했듯이 이보(Igbo)가 친족의 명칭이 아니라 "구성 집단의 다수가 최근에, 마지못해 자신의 종족적 정체성으로 수용한"[29] 범주였다면 "이보 종교 혹은 정치적 체제와 같이 단일한 단위"[30]를 사용하는 데 문제가 있었다면, 그리고 우스만이 다이크의 논지를 반영하여 주장했듯이 지난 80년 동안 이러한 다양한 집단들이 모여 종족적으로 이보를 형성하게 되었다면, 이 모든 관측은 동일한 결론으로 귀착된다. 이보를 민족지적 실체로 사용

142

하는 것은 문제가 있다는 것이다.

식민지 시대의 "문화유산 복원과 재건" 사업은 역사적 역동성을 제거함으로써 문화를 물화시키는 경향이 있다. 그것은 "표면상 제거해야만 할 대상으로 내세웠던 의존 기풍을 실제로는 영속화시킨다". 이러한 접근법은 다음의 "세가지 기본적인 약점"을 특징으로 한다고 우스만은 주장했다. 세가지 약점은 "비역사성, 문화를 지엽적이고 주변적인 것으로 전락시키는 문화에 대한 초월적인 규정, 문화의 인종화와 부족화다. (…) 이 특징을 면밀하게 검증한다면, 역사와 역사운동에 대한 부정을 내포하고 있음을 깨닫게 된다. 왜냐하면 문화가 각 시대의 특수성을 지닌 역사적 실존과 발전의 산물로 인지되는 것이 아니라, 종족의 실존에 대한 주어진 차원으로 인지되기 때문이다".[31]

아프리카의 정치공동체를 부족적인 것으로 규정하는 전통은 아프리카인들에게는 친족집단을 넘어서는 정치연합체를 구성할 만한 능력이 결여되어 있다는, 식민지 학자들 사이에 널리 퍼져 있는 합의와 함께 지속되었다. 더불어 과거의 안정적인 정치공동체에 대한 모든 증거는 인종적으로 다른, 예컨대 함족이라 불린 외부인 집단에 의한 국가 만들기 덕분으로 간주해야 한다는 주장도 당연시되었다. 서부아프리카로 베르베르족이 이주했던 역사서술부터 시작하여 수단의 아랍화 및 중앙아프리카로 투치족이 이주한 역사서술에 이르기까지 온갖 종류의 지역적 역사서술들이 이러한 식의 설명으로 분류된다. 소위 아프리카 역사학의 사제(司祭)라 불리는 올리버(Roland Oliver)와 페이지(John D. Fage)는 1963년 후반기에 『아프리카 소사』(*A Short History of Africa*)라는 제목의 책을 저술했다. 이 책에서 그들은 훗날 "함족의 가설"로 유명세를 타게 된 기본 논지를 정리했다. 우스만이 이것을 상세히 인용했다.

홍해에서 시작하여 세네갈 하구까지 사하라 이남의 아프리카를 똑바르게 가로지르면, 그리고 나일 강 상류에서 시작하여 남부 로디지아에 이르는 반투 아프리카의 중심 지역인 중앙 고원지대의 등줄기를 타고 내려오면, 소위 수단 문명의 중심축에 다다르게 된다. (…) 연관된 다양한 아프리카 종족들은, 제도들이 너무나 유사해서 공통의 연원에서 파생되었음이 분명한 국가들 속으로 병합되어 들어갔다. (…) 따라서 진정한 의미에서 "수단" 국가는 농민경작자들의 농촌공동체로부터 자연적으로 생장해 나온 사회라기보다는, 그것들 위에 구축된 상위구조인 셈이다. 다수의 경우에 이러한 국가들은 정복에서 그 기원을 찾을 수 있다고 알려져 있다. 그러나 다른 모든 경우에는 대체로 정복이 국가의 기원이 아닌 것으로 보인다. (…) 문명의 초기 전파자들은 나일 강

계곡으로부터 남쪽으로 이동한 것처럼 보인다.[32]

압둘라 스미스에 따르면 "이러한 식의 역사는 사하라 사막에서 건너온 함족(베르베르족) 침입자 집단이 어떤 식으로 정치적으로 나뉘어 있던 중부 수단의 흑인들에게 유사 국가구조를 부과했는가에 관한 단순한 이야기에 불과하다". 압둘라 스미스는 이러한 "순박한 가설을 식민지 역사서술이 어떤 식으로 무비판적으로 수용하게 되었는지"[33]에 관한 논문을 작성한 바 있다. 그는 이러한 단순한 가설의 관례적 수용을 다음과 같이 조롱하기까지 했다. "아래와 같은 식의 외국인 영웅에 관한 이야기가 크게 유행했다. (보다 최근에는 영국인이 그러했듯이) 저 먼 곳으로부터 오는 외국인 영웅이 자신의 마법의 칼에 기대어, 또는 하늘의 신으로부터 부여받은 자신의 권한을 사용하거나 아니면 다른 방식으로 위탁받은 자신의 초자연적 힘을 활용하여 자신과 자신의 후손을 이전에는 조직화되어 있지 않았던 사람들 위에 군림하도록 한다. 영웅은 이런 식으로 새로운 충성심을 만들어내면서 그들을 일종의 국가적 형식을 갖춘 새로운 공동체로 끌어모은다."[34] 우스만은 이러한 연구 경향이 끼친 영향에 대해 다음과 같이 정리했다. "나이지리아 대부분 지역에서 존재했던 것은 본질적으로 친족이라는 용어로 규정되었던 집단이 아니라, 근본적인 정체성이 자신의 존재양식과 결합되어 있던 집단인 것처럼 보인다. 영토성과 종사한 일이 중요한 역할을 했다는 점이 점점 더 명백해지고 있다. 나이지리아 역사에 관심을 가진 사람이라면 누구나 친족관계는 이데올로기 차원에서 강력한 역할을 수행했다는 점을 잘 알고 있다."[35]

탈식민적 나이지리아 역사서술은, 메인의 저작에 토대를 두고 구축된 인류학파와 동일시되는 친족이론에 대한 대안적 이론의 윤곽을 제공해주었다. 지금까지 필자가 밝히려고 노력했듯이, 대안적 이론은 다이크, 스미스 그리고 다른 누구보다도 우스만이라는 세명의 영향력 있는 사상가들의 노력을 통해 완성되었다.[36] 필자의 견해에 따르면, 이들이 개척한 방법론은 다음 세가지 명제를 기반으로 한다.

첫째, 연합체의 기초로서 친족관계는 엄밀한 의미에서 단 한번도 혈통에 기반을 두지 않았다. 이는 고대에도 마찬가지다. 메인이 언급했듯이, 로마에서조차 **가부장권**(patria potestas)이 단순히 혈연의 범주인 적이 없었다. 가족에는 노예와 입양된 자들이 포함되어 있었다. 그럼에도 메인은 식민지에 적용할 때에는 이러한 현상의 순수성을 주장했다. 그것이 바로 세계주의적이면서 오염된 인도의 해안지역에 비해, 고립되었지만 오염되지 않은 인도 내륙지역의 특권적 위상을 입증하는 증거라고 주장했던 것이다. 이와 유사한 주장을 카치나에 대한 바르트의 글에서도 찾아볼 수 있다. 우스만이 언급했듯이, 바르트는 지배자가 피지배자와 다른 인종이어야만 하는데, 그렇지 않은 경우는 이종족혼교의 탓이라고 비난했던 것이다. 이러한 지식인들이 서구와 비서구 사이의 이분법을 만들어냈다. 그런데 이러한 이분법은 관찰보다는 구상에 토대를 두고 있는 만큼, 동일한 관찰이 완전히 정반대 방향에서 해석되었다. 서구에서는 도시화, 세계주의, 진보로 간주되는 발전들이 비서구에서는 비순수성과 이종족혼교의 결과로 여겨졌다. 나이지리아 역사서술이 보여주듯이, 그 대안은 친족을 폐쇄적인 것 불변의 것으로 보는 것보다는, 구멍이 숭숭 뚫려 있는 것 역사적인 것으로 보는 것이다.

둘째, 이러한 연구 경향은 친족관계가 정치적 연합의 형태로 존재했던 곳에서조차, 서구와 비서구를 막론하고 결코 보편적이지 않았음을 지적했다. 위에 언급한 세명의 나이지리아 학자들은 서부아프리카에서 정치적 공동체 형성에 다층적 길이 있었다는 것을 보여주고자 애를 썼다. 어떤 경우에는 정치적 정체성이 친족에 기반을 두고 있었다면, 다른 경우에는 장소에 기반을 두고 있었다. "라고스(Lagos) 주에 거주하는 나이지리아인 중에 라고스 사람의 정체성을 지니고 있고 요루바어를 사용하지만, 기원을 기준으로 했을 때에는 요루바족이 아닌 사람들이 있었다. 이와 흡사한 방식으로 카노(Kano) 주에 사는 나이지리아 시민 중에 '카나와(Kanawa)'이고 하우사어를 사용하지만, 이보족, 요루바족 혹은 다른 종족 출신인 경우가 있다."[37] 2000년에 발간된 『나이지리아에 대한 오해』(*The Misrepresentation of Nigeria*)라는 저서에서 우스만은 북부와 남부, 종족적 민족성들(ethnic nationalities), 기독교인과 이슬람인 사이의 경쟁과 갈등을 불가피한 것으로 설명하는 근본적인 이분법에 대해 비판했다. "(…) 나이지리아가 형성되기 전에는 현재 통용되는 용어 그대로의 '하우사'로 불리는 하나의 종족적 민족성이 존재한 것은 아니었다. 대신에 카노 사람들인 카나와, 카치나 사람들인 카치나와, 자자우 사람들인 자게-자기(Zage-Zagi), 소코토(Sokoto) 사람들인 사카타와(Sakkatawa) 등이 존재했을 뿐이다. 이는 요루바족에게도 동일하게 적용된다. 에그바(Egba), 오요, 에키티(Ekiti), 이제부(Ijebu) 등의 정체성이 있었을 뿐이다." 현재 남아 있는 기록에 따르면, "요루바"("야리바"Yarriba가 기원)라는 단어는 하우사어로 17세기 카치나의 학자인 마사니(Dan Masani)가 처음으로 사용했으며, 오요 알라핀제국(Alafinate of Oyo)의 사람들을 지칭했다.[38] 발라(Bala)의 주장에 따르면, 오늘날 종족적 민족성들은 실제로는 나이지리아에서 식민지 국가가 형성되는 과정에서 창출되었던 것이다.

셋째, 무엇보다 중요한 논거인데, 다양성을 일탈의 증거로 해석(그리하여 순수성의 바다 속에 있는 비순수성으로 해석)하지 않고 다른 역사적 경로에 대한 증거로 읽어내는 것이다. 그리하여 이 학파는 여러 형태의 경로와 복수의 역사가 존재함을 인정할 수 있었다.

민족주의와 국가경영

간접지배는 야심찬 포괄적인 지배방식이다. 필자는 간접지배 이론은 인종화되고 부족화된 역사서술에 깊은 뿌리를 내리고 있고, 그것의 거버넌스는 아프리카 식민지를 부족의 홈랜드로, 각 홈랜드의 주민을 원주민 부족과 비원주민 부족으로 분리하는 행정적 실제에 기반을 두고 있다고 이야기했다. 관습에 토대를 둔 체제는 체계적으로 원주민 부족을 우대하고 비원주민 부족을 차별했다. 이것은 왜 대안적인 역사서술을 정식화하는 것만 갖고는 식민지의 정치적 유산을 극복하지 못하는가에 대한 설명이다. 말하자면 식민지 정치적 유산을 극복하려면, 포용적인 정치 공동체를 형성하는 데 적합한 시민권 형식을 창출해낼 수 있는 대안적인 정치적 실천이 요구된다.

탈식민적 시민권에 대한 논쟁은 반정부운동에서 주로 이루어졌다. 반정부운동은 정치적 지지를 내적인 조직화 혹은 외적인 연맹을 통해 형성해야만 하는 급박한 상황에 직면해 있었다. 1972년 부룬디(Burundi)에서 거의 20만명에 이르는 후투족 학생들이 학살되었다. 이렇게 되자 콩고에서 키냐르완다어(Kinyarwanda)를 사용하는 소수파는 더이상 기원에 관한 문화적 담론을 통해 자신들의 정체성을 규정하지 않게 되었다. 다시 말해 그들은 이제 더이상 바냐르완다(Banyarwanda. 르완다 출신 사람들—옮긴이)가아니라, 영토에 토대를 두고, 그 당시 사용되던 그리고 정치적 의미를 띠고 있던, 바냐물렝게(Banyamulenge. 물렝게에 사는 사람들—옮긴이)로 스스로를 규정하기 시작했다. 우간다에서는 1981년부터 1986년까지 그리고 그 이후에 국민저항군(National Resistance Army)이 이끈 게릴라전 기간 동안 농촌 지역 주민들의 정체성에서 이와 비슷한 무게중심의 이동이 진행되었다. 농촌 지역 주민들은 "누가 투표권이 있는가?" 혹은 "누가 공직을 수행할 수 있는가?" 같은 질문들에 반응하면서, 혈통에 기반한 정체성을 버리고 거주에 기반한 정체성을 수용했던 것이다.[39] 나이지리아에서는 군부에 적극적으로 대항했던 사람들이 헌법 문제를 논의할 수 있는 주권국민회의(Sovereign National Conference, SNC)의 소집을 요구했는데, 이때 논의의 초점은 SNC에서 대변되어야 할, 나이지리아사회를 구성하는 요소들—SNC의 기초 단위—이 누구인가라는 문제에 맞추어졌다.[40]

므왈리무 니에레레(Mwalimu Julius Nyerere)가 이끈 탄자니아만이 유일하게 성공적으로 국가경영의 대안적 형식을 채용했다. 필자는 탄자니아가 지속적이면서도 평화적인 개혁을 통해 간접지배 구조를 벗어나려는 시도 중 가장 성공적인 사례라고 생각한다. "식민지 국가를 타파하는" 방법으로 폭력을 생각하기 쉬운 시대에 니에레레는 전혀 다른 방식을 제시했다. 첫째, 식민지 국가와 그 유산을 지탱하는 근간이 군대와 경찰이 아니라 법과 행정기구임을 주장했다. 따라서 식민지 국가를 "타파"하려면, 폭력이 아니라 정치적 전망과 정치조직이 필요하다는 것이다. 다층의 원천 ─ 식민지 이전의 생활양식, 식민지 시대의 근대적 국가 형태, 반식민지 저항운동 ─ 으로부터 실체법(substantive law)을 제정하고, 법을 강제하는 유일하고 통일된 기구를 설립한다는 것은, 탄자니아의 본토에 거주하는 모든 시민이 동일한 규칙체계를 토대로 통치를 받게 되었고 단일한 사법체계에 의한 지배를 받게 되었음을 의미했던 것이다. 여기에서 필자는 포용적인 시민권을 창출하고 국민국가를 만들어낸 니에레레의 중요한 업적에 초점을 맞추고자 한다.

탄자니아의 초대 대통령 니에레레에 대한 통상적인 평가는 공동체 연대에 근거한 정의로운 사회질서로서 우자마(ujamaa)에 대한 그의 요구에 초점이 맞추어져 있다. 지지자들이 사회주의 사상을 지역적 현실에 창조적으로 적용한 것으로서 우자마를 추앙하는 데 반해, 비판자들은 이를 낭만주의적이고 비과학적인 시도라고 비난했다. 니에레레는 농담처럼 말한 적이 있다. "칼 맑스가 탄자니아에 태어났다면, 아마도 아루샤 선언(Arusha Declaration. 탄자니아의 독립선언—옮긴이)을 작성했을 것이다." 사회정의에 대한 니에레레의 관심은 국민국가의 건설을 최우선시하는 그의 신념이라는 맥락 속에서 이해되어야 할 필요가 있다. 국정 책임자로서 니에레레는, 보통 사람들이 그를 그렇게 인식했듯이 무엇보다도 국가의 아버지(바바 와 타이파 baba wa taifa. taifa는 스와힐리어로 nation과 비슷한 국민, 국가, 민족, 부족이라는 뜻. 니에레레의 업적을 탈식민 과정에서 국민국가 건설을 중심으로 서술되고 있어, '국가의 아버지'로 번역했다—옮긴이)였다. 새로운 사회질서의 예언자라는 명칭은 지식인 지지자들 혹은 비판자들이 그에게 붙여준 명칭에 불과했다. 1985년 7월 29일 탄자니아 의회에서 행한 그의 이임연설에서 니에레레—국민들은 감동적이게도 므왈리무(스승)라고 환호했다—는 탄자니아 독립 당시 그가 품었던 야심을 상기시켰다. "1962년 12월 취임연설에서 내가 구상했던 것 중 가장 중요한 과제는 평등과 인간 존엄성을 바탕으로 한 통합된 국민국가의 형성이었다."[41]

"평등과 존엄성"에서 므왈리무는 다른 무엇보다도 법

앞의 평등을 이해했다. 다른 말로 표현하면 식민지법에 의해 제도화되고 강제된 — 인종과 부족에 기반을 둔 — 차이와 특권을 넘어서는 평등이었다. 니에레레의 정치 경력은 여러 단계로 나뉜다. 그중 두가지 단계를 중점적으로 논하고자 한다. 시작 단계의 중요한 문제는 인종(race)의 정치적 지위였다. 인종에 기반을 둔 소수자 우대정책에 대한 요구가 대중들에게 확산되어 있었지만, 니에레레는 이에 반대해 시민법에서 인종을 기반으로 한 차별을 모두 청산해야 한다고 주장했다. 이로 인해 니에레레는 그의 생애에서 가장 심각한 정치적 위기를 맞이했다. 위기는 1964년 노동운동 조직의 전폭적인 지지를 받았던 군부의 반란으로 시작되었다. 다음 단계의 핵심은 부족의 정치적 위상이었다. 종족에 근거한 차별을 관습법에서 없애기 위하여, 니에레레는 원주민 당국을 철폐하기 위한 정치적 기획을 가동했다. 이 정책의 목표는 중앙집권화된 국가구조를 만드는 것이었다. 이러한 구조는 한편으로는 관습법과 시민법을 분리하고, 다른 한편으로는 시민 당국과 원주민 당국을 분리하는 식민지 유산을 청산하려는 것이었다. 다시 살펴보겠지만 국가건설 기획은 니에레레의 공식연설에서 강조했던 민주주의와 사회정의(우자마 ujamaa)를 희생하는 것이었다. 니에레레는 다른 무엇보다도 전투적인 민족주의자였으며, 정치적·법적으로 강제화된 인종 및 부족적 특권에 의해 규정된 식민지 유산과 대결하고 중앙집권화된 영토국가와 보통시민권을 창출하고자 하는 강한 의지를 보였다.

독립운동이 벌어지던 결정적인 시기에 인종의 정치적 위상은 핵심 쟁점이 되었다. 그것은 좌우 세력의 도전으로부터 주요 민족주의 정당인 탕가니카 아프리카민족연합(Tanganyika African National Union, TANU)을 두드러지게 해주었다. 우파정당으로는 연합탕가니카당(United Tanganyika Party, UTP. 식민지 정부와 대농장 소유주들이 지지했다 — 옮긴이)이 있었다. 이 정당은 인종화된 정치질서에 대한 식민주의적 버전을 기꺼이 수용하면서 다인종주의의 옷으로 말끔히 단장했는데, 다인종주의는 다른 어떤 담론보다도 공식적으로 규정된 인종적 정체성에서 정치적 권한을 도출해냈다. 좌파정당으로는 인민주의 성향의 아프리카국민회의(African National Congress(in Tanzania), ANC. 탄자니아의 야당. 남아프리카의 '아프리카 국민회의'를 본떠 만들어진 조직. 남부아프리카의 여러 국가들에서 독립과 동시에 남아프리카의 아프리카 국민회의를 본뜬 조직들이 만들어졌다 — 옮긴이)가 있었다. 국민회의는 다수의 원주민인 이른바 아프리카인(Africans)에게만 독립국가의 시민권을 제한하는, 원주민주의적인 정치적 의제를 옹호했다. "누가 탕가니카인인가"라는 질문에 대한 답을 아프리카인에 대한 인종화된 식민지적 개념으로부터 도출했던 것이다.

다음의 세가지 중요한 사건이 이러한 정치적 경향들 사이의 투쟁을 결정지었다. 첫번째 사건은 인종적인 기반에서 시행된 1958년 선거에 TANU가 참가하기로 한 결정이었다. 두번째 사건은 어떤 식으로 시민권을 규정할 것인가, 인종을 기준으로 할 것인가 혹은 거주를 기준으로 할 것인가에 대한 1961년의 의회 논쟁이다. 세번째 사건은 1961년에서 1964년까지 벌어진, 다수인 원주민을 우대하는 소수자 우대정책을 위한 투쟁, 즉 아프리카화 프로그램이었다. 이것의 최종 결과는 1964년의 군부 반란이었다.

여기서 탕가니카의 독립투쟁을 이끌어낸 정당인 TANU가 독립을 코앞에 두고 아시아인과 유럽인 거주민을 국가의 구성원에서 제외시켰다는 점을 상기할 필요가 있다. 이러한 TANU의 구성원정책은 1956년에 개정되었다. 그 결과 아프리카인과 다른 인종의 혼혈인은 허용되었지만, 여전히 아시아인과 유럽인 혈통을 지닌 사람들은 제외되었다. 아시아 혈통을 지닌 개인들은 독립운동에서 아무리 뛰어난 역할을 했다 하더라도[42] TANU의 구성원이 될 수는 없었다. 과거 식민지 국가는 개인들 간이 아니라, 인종들 간의 평등한 대우를 약속하는 정책을 옹호했다. 이러한 정책은 "다인종주의"로 널리 알려져 있었는데, 인종들 사이의 등가성 보장으로 정당화되었다.[43] 니에레레는 UTP

를 맹렬하게 비난하면서 인종 사이의 등가성은 "인종주의
를 강화하고 영속화할" 뿐이지 "피부색이나 신념과 상관
없이 개인의 기본권을 인정하는 민주적인 동반자 관계"를
창출하는 것이 아니라고 주장했다.[44] 이러한 관점에서 볼
때, 1958~59년의 다인종선거에 대한 참여는 일종의 전략
적 타협이었다고 볼 수 있다. 추정컨대 이러한 타협을 통
해 니에레레는 비슷한 성향의 아시아인 및 유럽인 정치가
들을 지원하면서 동시에 좌파정당인 ANC로부터 불어오
는 거센 도전을 막을 기회가 생길 것이라고 생각했을 것이
다. ANC 지도부는 시민권을 원주민에게만 제한하여 부여
하고 그렇게 함으로써 아프리카인으로만 구성된 정부와
아프리카인으로만 구성된 공무원에 의한, 인종적으로 정
의된 국가를 요구했다. 더불어 부와 소득을 역사적으로 특
권을 부여받았던 비원주민 소수자들(아시아인과 유럽인
들)로부터, 역사적으로 억압받고 천대받았던 원주민 다수
(아프리카인)에게로 재분배함으로써 사회를 재구조화할
것을 요구했다. 1960년 8월 2일 "아프리카인을 위한 아프
리카"를 요구하는 ANC의 공식성명에는 다음과 같은 선언
이 들어 있었다. "우리 민중들은 지난 40여년간 식민지 제
국주의자들의 착취로부터 고통을 겪어왔으며 오늘날에도
여전히 경제적으로는 아시아인들에게 예속되어 있다."[45]
TANU는 인종문제에서 보다 온건한 입장을 취하면서,

ANC와 연계되어 스와힐리어로 발행되는, 독립투쟁을 지지하는 신문인 『므와프리카』(*Mwafrika*)지에 대한 지지를 철회했다. 그리고 1959년에는 『응구루모』(*Ngurumo*. 스와힐리어로 '외침' — 옮긴이)라는 새로운 신문을 창간했다.[46] 식민지 국가라는 시각에서 보면, 이러한 전략과 태도의 결론은 극단주의자들인 ANC에 대한 온건한 대안으로서 TANU를 확립하는 것이었다. 니에레레가 탕가니카의 초대 수상으로 선출된 후 라디오에서 한 취임연설에서 그는 아시아인과 유럽인들을 안심시켰다. "전투적인 민족주의는 미소와 선한 기질이 결합되어 있다. (…) 탕가니카의 민중은 열렬한 민족주의자가 되었지만 결코 인종주의자가 된 것은 아니다."[47] 그의 내각에는 유럽인 한명과 아시아인 한명이 포함되어 있었다. 물론 유럽인과 아시아인들의 TANU 가입이 허용된 것은 아니었다.

독립 두달 전인 1961년 10월, 시민권을 어떻게 규정해야 할 것인지를 두고 국회에서 논쟁이 벌어졌다. 의회에서 제기된 문제는 명확했다. 시민권이 인종에 근거해야 하는가, 아니면 거주에 근거해야 하는가. ANC는 전자를 옹호했고, 니에레레와 그의 추종자들은 후자를 옹호했다. 논쟁에서 ANC는 "탕가니카에 이미 집을 짓고 살고 있는 다른 인종들"보다 "토착민 거주자"를 더 우대할 것을 요구했다. (텀보Christopher Tumbo 같은) 무소속 의원들은 이주민 인종은 이주민들의 신청에 대해 승인 또는 거절할 권리를 지니고 있는 부족장 위원회를 통해 자신들을 등록하고 귀화하는 절차를 밟아야 한다고 주장했다. 또다른 의원들은 아시아계 시민들이 "인도에서 탕가니카인의 편을 들어 인도인을 향해 총을 쏠" 의지를 갖추고 있는지에 대해 의문을 제기하면서, 아시아인들이 "한 다리는 탕가니카에 다른 한 다리는 봄베이(뭄바이)에 걸치고" 있는 만큼, 분열된 충성심을 지니고 있다는 것이 "보통 사람"들의 생각이라고 덧붙였다. 그러자 니에레레는 평소와는 달리 매우 격분하여 그의 반대자들을 신랄하게 비난했다고 한다. "만일 우리가 피부색에 기초하여 시민권을 구축하고자 한다면 우리는 범죄를 저지르는 것과 똑같다. 우리가 여태 싸워온 것은 다름 아닌 피부색을 근거로 인간을 차별하는 것에 대해서였다. (⋯) 그들은 우리에게 차별을 마치 종교처럼 설파하고 있다. 그리고 그들은 히틀러와 같은 편에 서서 인종을 찬미하기 시작했다. 우리는 인간을 찬미하지, 피부색을 찬미하지 않는다." 니에레레는 자신의 주장이 담긴 법이 통과되지 않을 경우 퇴임을 불사한다고 덧붙였다.[48]

1959년, 탕가니카에서 최고위 공직에 299명의 행정관리가 있었다. 그리고 이들 중 단 7명만이 흑인계 탕가니카인이었다. 의회의 아프리카화 논쟁은 이러한 배경에서 전개되었다. 1962년 유럽계 의원인 브라이슨(Bryceson)이 의회에서 한 연설에서 아프리카화는 인종과 상관없이 지역주민을 고용하는 것을 의미한다고 주장함으로써 논쟁의 조건들이 설정되었다. 야당이었던 ANC와 탕가니카 노동연합(Tanganyika Federation of Labour, TFL)은 브라이슨을 비난했고, "아프리카화는 아프리카화를 의미하는 것이지 결코 지역화를 의미하는 것이 아니"라고 주장하는 TANU의 여러 당원들과 동일한 입장을 견지했다. ANC의 공식 입장은 명확했다. "비-아프리카인들의 진보를 따라잡기 위해 아프리카인에게 특별한 혜택과 보호가 주어지지 않는다면, 아프리카인은 진보할 수 없다. 선진화된 사람들과 후진적인 사람들이 동일한 취급을 받아서는 안 된다. 그렇게 한다면 그들 사이에 존재하는 기존의 불평등성이 영속할 것이다. 불평등한 자들을 평등하게 대우할 수는 없다"라고 주장했다. 니에레레는 중도적인 입장을 취하려고 노력했다. 공무원의 인종적 구성은 전체 국민의 인종적 비율을 반영해야 하기 때문에 탕가니카 흑인들이 신규 고용과 승진에서 우대를 받지 않을 수 없다고 주장했다.[49] ANC가 급격한 아프리카화에 대한 니에레레의 반대를, 영국인 혹은 미국인 관료들과 그의 관계에 연관시켰을 때, 사태는 전환점에 도달했다. 그들은 니에레레를 "제국주의 핵심 꼭두각시이자 신식민주의적 도구이며 다인종적인 TANU의 불변의 앞잡이 두목"으로 단정지어버렸다. 니에레레는 1960년에 한달 동안 미국을 방문했고, 미 국무부의 초청을 받아 1963년도에 한번 더 미국을 방문했다. 바로 그때에 ANC 지도자였던 므템부(Zuberi Mtemvu)는 1961년 중국을 비롯하여 여러 사회주의 국가들을 방문했다. ANC의 주장은 노동조합 지도부와 TANU의 다수 중간관리자들의 호응을 받았다. 지방의 당관료들이 노동조합원들과 함께 손을 잡고 아프리카화의 가속화 요구에 동참하자, 니에레레는 급속도로 확산되는 TANU 진영의 분열에 직면했다. 당 내부에서 분열의 조짐이 나타나자, 내각의 수상이 된 지 45일 만에 사임하는 길을 선택했다. 그는 당으로 돌아와 분리파들을 축출할 수 있었지만, 대신 탕가니카 노동연합의 의장을 역임했던 카와와(Rashidi Kawawa)에게 정부를 이양해야만 했다. 카와와는 아프리카화의 속도를 더욱 가속화하면서, 공직 전체의 아프리카화를 보장하는 위원회를 출범시켰다. 그리고 1962년 6월, 해임된 공무원의 40퍼센트가 탄자니아를 떠났다.[50]

아프리카화에 대한 인정은 반대파 인사에 대한 탄압과 나란히 진행되었다. 1962년 6월 새로이 제정된 법은 파업권 제한, 공무원의 노동조합 결성 금지, 단위조합을 통제하는 TFL 권한 강화의 내용을 담았고, 예방적 구금조치를 합법화했다.[51] 바레구(Mwesiga Baregu)의 기록에 따르면, 정부가 "농촌 지역에서 서로 경쟁하고 있던 여러 정당들, 독립적인 노동조직들 및 지역 참여조직들에 대한 학살을 개시했던 (…) 1962년에 탄자니아에서의 반대파 숙청이 본격적으로 가동되었다".[52] 니에레레가 당을 재조직했을 때, 그는 자신의 시민권 및 아프리카화정책에 반대했던 몇몇 당지도자들을 정부의 요직에 앉혔다. 그러나 인종문제는 쉽게 수그러들지 않았다. 인종문제는 식민지 시대의 특권과 결부되어 있었던 만큼, 인종은 탈식민 시기의 사회정의의 요구라는 칼날 위에 서 있었던 것이다. 노동조합지도자를 역임하고 급속한 아프리카화를 주장하는 팀보가 1962년 영국대사직(영국고등판무관으로 영연방에서 외국에 파견되는 대사의 역할을 하는 관직 —옮긴이)에서 물러나 탕가니카로 돌아와 인민민주당(People's Democratic Party, PDP)을 창설하자, 나에레레 반대 세력의 부활 징후가 뚜렷해졌다. 이 당의 창립 멤버에는 몇몇 ANC 활동가들이 포함되어 있었고, 당의 헌장은 시민권 및 아프리카화 문제에서 인종적 정책을 옹호했다. 팀보는 니에레레가 요구했던 새로운 공화주의 헌법이 대통령을 실제적인 독재자로 만들었다고 비난했다. 1963년 1월, 이 당의 지도자들은 ANC와의 병합계획을 논의하기 위해 회동했다.

같은 달, 니에레레는 탕가니카의 초대 대통령으로 취임했다. TANU 연례 대의원회의에서 니에레레는 일당체제 도입 계획을 선언했고, 모든 인종을 TANU 당원으로 받아들이기 시작했다. ANC와 탕가니카 전국이슬람연합 (All-Muslim National Union of Tanganyika, AMNUT)은 이에 대해 국민투표를 요구했다.[53] 정부는 주요 반대파들을 체포하기 위해 예방적 구금조치법을 적용했다. 1964년 1월, 니에레레가 아프리카화를 "인종차별 형태의 일종"이라고 비난하자, 사태는 정점에 도달했다. 정부 각료들에게 보내는 편지에서 그는 다음과 같이 주장했다. "국민국가는 기술과 경험의 보고(寶庫) 전체를 활용하지 않으면 안 된다. (…) 기술을 가진 사람의 피부색은 전혀 중요하지 않다. (…) 이것은 공무원 채용에서 충원, 견습, 승진과 관련한 차별이 지금 당장 종식되지 않으면 안 된다는 것을 의미한다. (…) 우리는 일등시민과 이등시민이 자라나는 것을 허용해서는 안 된다. 아프리카화는 사망했다."[54] 편지가 발표된 지 2주가 채 지나지 않은 1964년 1월 20일 군사쿠데타가 모의되었지만 결국 무산되었다.

군사쿠데타 무산 이후 닥친 위기는 니에레레의 정치 이력에서 가장 심각한 위기였다. 노동조합 지도부는 신속하게 대응했다. 철도노동조합은 "모든 희생을 감수하고" 이러한 변화에 저항할 것을 약속했다. 지방정부 연합은 니에레레가 이 나라를 "식민지 시절로 되돌려놓았다"라고 비난했다. 뒤이어 800명으로 구성된 제1대대가 반란을 일으켰다. 5일째 되는 날, 노동조합이 반란군에 동조하여 총파업을 계획하고 있다는 소문이 돌았다. 정부가 위험에 처했다는 판단에서 니에레레는 이전의 결정을 번복하면서 영국군에게 군사적 개입을 요청했다. 12시간만에 영국 해병대 60명이 콜리토 병영(Colito Barracks)에 대한 기습공격을 개시했고 90분 뒤 반란군은 괴멸되었다. 처음부터 반란에 반대한 자들 사이에는 여성들이 있었다. 교육을 받은 여성들에게, 특히 유럽과 아시아계 후손의 여성들에게 공무원은 얼마 간의 고용의 기회를 제공했다. ANC는 "실업 상태에서 도시의 거리를 배회하고 있는 아프리카 남성이 많음에도 불구하고 정부와 상업의 사무직에 기혼 여성을 채용하는"[55] 관행에 대해 공공연하게 반대해왔다. 모든 인종의 여성들이 전국여성연합의 지도자인 모하메드(Bibi Titi Mohamed)의 뒤를 따라, 므왈리무 니에레레에 대한 진심에서 우러나오는 "충성, 헌신, 동맹"을 보여주기 위해 의사당 행진에 참여했다.

일단 반란이 무산되자 군부는 재조직되었다(그리고 영국 장교들로 교체되었다). 경찰 50명이 이 반란에 연루되었고 200여명의 노동조합 지도자들이 체포되었다. 철도노동조합의 텀보는 4년형을 복역했다. 대농장 노동자조합의 므켈로(Victor Mkello)는 외딴 지역으로 유배되었다. 반란이 일어난 지 한달이 채 되지 않아 정부는 노동운동에 대한 구조조정을 단행했다. TFL이 해체되었고 TANU

의 통제를 받는 노동조합으로서 탕가니카 전국노동자연합(NUTA)이 창설되었다. 일당체제국가를 기반으로 한 대통령위원회가 창설되었으며, 1965년 헌법과 더불어 일당체제국가는 현실이 되었다.[56]

정치적으로 그리고 이데올로기적으로 아프리카화를 둘러싼 1961~64년 논쟁에서 쟁점은 권리와 정의(justice)였다. 평등권에 대한 요구는 모든 시민의 형식적 평등과 관련하여 큰 틀이 형성되었다면, 정의에 대한 요구는 시민들 간의 실질적인 불평등성을 가리키고 있었다. 니에레레는 집단의 권리가 식민지의 인종정책과 결합되어 있다는 이유로 집단에 기반을 둔 권리 요구를 일체 거부하고 공동체의 권리보다는 개인의 권리를 요구했다.[57] 부족·젠더·계급 같은 집단에 기반한 또다른 불평등이 존재하지 않은 것은 아니었다. 1965년 일당체제국가 제도에서 시작하여 1967년 아루샤 선언에 이르는 시기는 두가지 점에서 역설적이다. 우선 니에레레 같은 정당의 지도자들은 인종적 평등에 대한 자유주의적 전망을 옹호하면서 인종 포용적인 시민권을 제시했다. 그러나 동시에 그들은 반자유주의적인 조치들을 취했다. 니에레레는 자신이 일당체제국가로 나아간 것은 탄자니아 시민들로 하여금 그들이 압도적으로 지지하는 당지도부를 선출할 수 있도록 만든 개혁이라는 식으로 정당화하곤 했다. 그러나 이는 솔직하지 못한 변명이었다. 그가 일당체제국가로 나아간 시기가 TANU 정책에 대한 반대가 거세지는 시기였기 때문이다. 다급했던 위기를 넘기고 조금 마음을 놓아도 되는 순간이 찾아오자 니에레레는 일당체제국가로의 이동 원인에 대해 다른 가능성을 인정한 바 있다. 1977년 8월 미국 수도를 공식적으로 방문하는 중에 카터(Carter) 대통령의 건배사에 답례하며 니에레레는 이렇게 발언했다. "나는 최근에 워싱턴 대통령과 그의 시대를 다룬 매우 훌륭한 책 몇권을 읽었다. 그리고 나는 신생국가의 문제들은 매우 비슷할 수 있다는 결론에 이르렀다. (…) 워싱턴 대통령은 아마도 현재 미국의 다당제보다는 우리나라의 일당체제를 좀더 잘 이해할 수 있을 것이라는 생각이 든다."[58]

일당체제국가에 대한 권리에 근거한 자유주의적 비판에 직면하여, 역설적이게도 니에레레는 물론 자신을 방어하기 위해서였지만 정의에 관한 담론 ── 아루샤 선언 ── 에 주목했다. 니에레레에 대한 좌파계열 비판자들[59]이 당시 잘 해석한 대로, 아루샤 선언은 계급에 기반을 둔 정의(justice)를 요구하는 것이 아니었다. 아루샤 선언은 국민국가적 정의, 다시 말해 계급·인종·부족과 상관없이 모든 시민을 위한 정의를 요구했다. 누군가가 환상을 품는 경우를 대비하여, 니에레레는 당의 연구그룹을 위해 마련한 자료에서 다음과 같이 경고했다. "(아루샤) 선언은 다른 무엇보다도 우리가 탄자니아인이며, 우리가 앞으로 나아가더라도 여전히 탄자니아인이기를 희망한다는 사실을 재확인하는 것이다. (…) 이것은 매우 중요하다. 왜냐하면 우리는 정치적인 차원에서 그 어떤 '성스러운 책'도 채택할 수 없기 때문이다. 그리고 그것의 지침을 ─수정을 가하든 혹은 그렇지 않든 간에 ─수행하기 위해 노력할 수 없다는 것을 의미하기 때문이다."[60] 니에레레에게 아루샤 선언은 국가 건설 기획의 일환이었다. "아루샤 선언과 우리의 민주주의적 일당체제는 우리 국가 언어인 키스와힐리어(Kiswaahili)와 그리고 높은 정치의식 및 규율을 지니고 있는 국민국가 군대와 더불어 126개 이상의 부족들을 통합하여 응집력 있고 안정적인 국민국가(nation)로 만들었다."[61] 니에레레가 공적으로 사용한 담론의 언어가 자유주의적 가치를 떠올리게 하든 아니면 사회주의적 가치를 떠올리게 하든, 니에레레의 주요 정치 기획은 그가 취임연설에서 주장했던 것 그대로였다. 또한 그가 이임연설에서 청중에게 계속하여 상기시켰던 것도 바로 그것이었다. 니에레레의 기획은 민주주의나 사회정의를 실현하기 위한 기획이 아니라, 주권을 갖춘 중앙집권화된 국민국가를 세우는 기획이었던 것이다.

탄자니아에서 국민국가 건설의 두번째 단계는 아루샤 선언과 함께 시작되어 촌락화(villagization) 시기에 이르기까지 진행되었다. 아루샤 선언이 있던 1967년, 니에레레는 「사회주의와 농촌의 발전」(*Socialism and Rural Development*)이라는 제목의 또다른 정치적 선언문을 작성했다. 이 팸플릿에서 그는 농민들에게 우자마 촌락을 형성하고 집단적 상호부조를 통해서 생산성과 복지를 증진시키자고 요청했다. "가장 본질적인 사안은 공동체가 집단적으로 농사를 짓고, 집단생활을 하는 것"이라고 적었다. 촌락화 기획은 애초에는 "집단적 상호부조"에 대한 요청이라는 표현에서 드러나듯이 이데올로기적 문구로 주조되었다. 그러나 반응은 형편없었다. 부농들은 이러한 기획을 자신들에게 유리하도록 변모시키는 방법을 발견했다. 국가는 농민의 열의가 부족하자 강제력 동원으로 이에 대응했다. 그러나 다른 한편으로는 강제촌락화는 이제 지역 수준에서도 국가집중화가 진행되고 있다는 전반적인 맥락을 제공했다.

촌락화가 시행된 바로 첫해에 그것을 수행하기 위한 기반 준비 작업이 전혀 이루어져 있지 않았다는 점은 부인할 수 없는 사실이다. 어떤 논평가는 『드럼』(*The Drum*)에서 예리하게 지적했다. "잘 가꾸어진 농민의 땅과 재산은 어떻게 될 것인가? 그리고 다른 무엇보다도 부농들을 어떻게 설득하여 신생 공동촌락에 동참하라고 할 수 있을 것인가? 우자마 촌락의 수입은 어떻게 분배할 것인가? 불성실한 농민들은 어떻게 처벌할 것인가? 개별 노동은 어떻게 관리해야 하는가?" 1968년 말까지 설립된 우자마 촌락은 겨우 180개에 불과했다. 대체로 30~40호의 농가로 구성된 작은 규모였다. 공동노동에 대한 정치적 확신을 가졌던 사람들만이 참여했을 뿐이다. 정치적 열기가 솟구치는 첫단계가 지나갔다. 그 이후 매우 다른 유형의 공동촌락을 위한 새로운 기반이 조성되었다. 이러한 촌락들은 부농들에 의해 시작된 경우가 드물지 않았다. "필수적인 공동노동이 최소화되는 식으로 이러한 촌락들의 설립 조건이 완화되었다. 그러자 상수도, 학교, 병원, 대규모 자본투자 등 정부가 촌락에 제공하기로 약속했던 공공서비스를 확보할 목적으로 새로운 촌락이 만들어지기 시작했다." 이러한 촌락들이 이런저런 과정을 다 거치고 났을 때, 정부는 강제력을 행사했다. 그 결과 또 다시 세번째 유형의 촌락이 만들어졌다.[62]

강제권 발동은 재난구제가 진행되는 과정에서 발생했다. 자연재해로 농민들의 정착지가 파괴되었을 때, 새로운 촌락으로 이주해야만 재난구제를 받을 수 있다고 정부 관리들이 발표했던 것이다. 1973년 9월에 열린 TANU 격년 회의에서 1976년 말까지 농촌인구 전체를 촌락 안에 거주하게 한다는 결정이 채택되었다.[63] 이런 결정이 무엇을 뜻했는지는 결과가 명확히 보여주었다. 1970년 촌락에 거주하는 탄자니아인의 수가 50만 명을 조금 넘었는데, 이는 본토(탄자니아는 본토와 잔지바르 제도로 구성된다. 잔지바르 주는 자치 지역으로 주민의 대부분은 잔지바르 도심에 거주한다 — 옮긴이) 전체 인구의 5퍼센트에도 못 미치는 숫자였다. 1974년경에는 촌락 거주 주민이 약 200만명에 달했는데, 이는 전체 인구의 14퍼센트를 차지했다. 1973년(1975년의 오타일 것으로 추정 — 옮긴이) 강압적 체제가 가동된 다음 해에 촌락에 거주하는 인구는 약 900만명이 되었다. 탄자니아 전체 인구의 60퍼센트로 증가했다. 1977년에는 촌락 거주민들이 전체 인구의 약 79퍼센트를 차지했다. 그러나 이러한 강제는 경제적으로 참담한 결과를 초래했다. 이것을 입증하는 데는 단순한 통계수치 하나면 충분하다. 1970년에 탄자니아는 생산된 옥수수 가운데 식량으로 쓰고 남은 54만톤을 수출했다. 그러나 1974년경에는 옥수수 30만톤을 포함하여 총 40만톤의 곡식을 수입해야만 했다. 1970년에서 1975년 사이에 일인당 식량 생산량이 1960년 수준으로 하락했던 것이다.[64]

촌락화가 이와 같은 역경을 무릅쓰고 진행되었다는 것은 그것이 실제로 목표로 한 것이 정치적 효력이지, 경제적인 효력이 아니었다는 점을 입증한다. 촌락화는 지역으로 국가기구가 확산되는 것과 더불어 진행되었다. 이러한 확산과 — 1972년 강제촌락화의 정점에서 시도되었던 — 지역에서의 국가기구의 강화는 미국의 유력한 컨설팅 업체인 맥킨지(McKinsey and Company)에 의해 고안된 것이다. 그런데 이 모든 것이 "분권화"로 명명되었다는 것은 역설적이다. 실제로는 극도의 중앙집권화이며, 국가기구를 지역으로 확산해 원주민 당국을 없애고 당을 국가기구에 종속시키는 것이었기 때문이다.[65]

강제촌락화는 탄자니아 국민국가 건설 과정에서 필요한 구성요소로 판명되었다. 강제촌락화는 농촌에서 중앙 국가기구의 확산에 대해 근거를 제공하는 것이었지만, 탈식민 시기에 민주주의적 기획이 실패했다는 것을 입증하는 것이기도 했다. 우자마라 불린 사회경제적 기획에 대한 광범위한 동의를 불러내는 데 실패한 뒤에야 비로소 니에레레와 국가 지도부는 하향식으로, 그것도 강제에 호소하는 식으로 촌락화에 대한 모든 반대들을 잠재우려 했던 것이다. 이와 같은 의미에서 볼 때, 니에레레가 식민지 국가를 개혁하기 위한 "평화적인" 길을 제시했다는 주장의 정당성은 인정해야만 한다. 니에레레의 통찰력은 식민지 거버넌스의 핵심이 법적이고 행정적인 기구에 있지, 군사적인 기구에 있지 않다는 것을 간파했다는 점에 있다. 만약 법적·행정적 기구가 개혁되지 않는다면 식민지 군대·경찰·간수들이 탄자니아를 떠난다고 하더라도 식민지 국가는 계속 그대로 살아남을 것이라는 것이다. 앞서 언급했듯이, 니에레레의 국민국가 건설 기획은 두개의 단계를 거치면서 발전했다. 첫번째 단계는 인종의 정치적 위상에 초점이 맞춰져 있었으며, 두번째 단계는 부족의 정치적 위상에 초점이 맞춰져 있었다. 두 경우 모두에서 국민국가 건설기획을 실현하기 위해 충분한 대중적 지지를 창출하지 못했을 때, 니에레레는 직접적인 물리력을 사용하는 것을 꺼려하지 않았다. 이런 의미에서 보면, 니에레레의 탄자니아국민국가 건설 기획은 동의와 강제에 기반을 둔 혼합형 국가경영 전략의 결과로 볼 수 있다.

강제촌락화가 농촌 경제에 큰 피해를 입혔을 때, 국가는외국의 개별적 기부 단체들을 초청하여 기부자들로 하여금 "발전"을 위해 특정 지역과 "자매결연"을 맺어달라고호소했다.[66] 니에레레는 1985년 7월 이임연설에서 이러한과정의 이정표를 상기시켰다. "1972년 행정요원들의 지역화가 상당한 정도 진척되고 난 후, 우리는 중앙정부의 행정부를 지역과 지구 수준으로 분권화했으며, 이와 동시에이전의 지방정부체제를 폐지했다. 1975년, 촌락화 법을 시행함으로써 촌락 행정조직을 위한 기초를 마련했다." 덧붙여서 이렇게 말했다. "그러나 지방정부를 폐지함으로써 중대한 오류를 범했음을 우리는 1982년경 깨달았다. 그리하여 다른 체제들을 근본적으로 건드리지 않은 상태에서 지구와 도시 수준에서 지방정부를 재건하고자 하는 법률을의회에서 통과시켰다."[67] 당시 바뀌지 않았던 체제들은 식민지 원주민 당국을 대체했던 바로 그 체제들이었다.

또한 개혁은 단일한 통합법률구조를 창출했다. 행정 기능과 사법 기능이 뒤섞인 원주민 당국의 식민지적 관행은 시민법과 관습법이 분리됨에 따라 폐기되었다.[68] 새로운 실체법은 식민지법(시민법과 관습법)으로부터 시작하여 식민지 이전의 관습, 반식민지 투쟁의 전통 모두를 아우르는 다양한 원천으로부터 주조되었다. 니에레레는 이러한 발전에 대해 큰 자부심을 지니고 있었다. 이는 그가 의회에서 행한 이임연설에서 잘 드러나 있다. "우리나라는 세속주의 국가다. (…) 새로운 헌법에 구현된 권리장전은 모든 인종적·부족적·종교적 차별을 부정한다. 우리는 이제 이론에서 그리고 실제에서 법 앞에서 절대적으로 평등한 시민들로 구성된 국민이다."[69]

"국민국가의 아버지"로서 니에레레는 레종데타(국가이성 raison d'état)를 상징하는 인물로 간주되었다. 주권에 대한 국민국가의 요구는 국가이성의 구성 부분이었다. 그가 강대국의 야심과 과욕에 직면하여 신속하게 확립하고자 했던 것이 바로 그것이었다. 니에레레는 때가 무르익자 기회를 놓치지 않고 국가들 간의 주권적 평등을 천명했다. 특히 소련 및 미국 관료들과 교류할 때 그러했다. 러시아 과학아카데미 회원은 1968년 소련의 개입 이후에 다르에스살람(Dar es Salaam)의 소련 대사관에서 니에레레를 만난 기억을 회상하며 이렇게 기록했다. "그[니에레레]는 탄자니아가 유엔헌장을 엄격하게 준수하고 있음을 확신한다고 거듭 주장했다. 특히 유엔헌장의 핵심 원칙인 타국의 내정불간섭 원칙과 주권 존중을 엄수하고 있다는 것이다. 그는 이러한 원칙이 강대국을 포함한 그 어떤 국가도 예외 없이 엄격하게 준수되어야 함을 강조했다. 그러면서 미국의 베트남 공격과 관련하여 탄자니아가 취한 원칙적 입장을 상기시켰다."[70] 10년이 지난 뒤, 미국에서 카터가 대통령에 당선되고 난 후, 니에레레는 최초로 워싱턴을 방문한 아프리카의 국가원수가 되었다. 1977년 8월 카터 대통령의 건배사에 답하여 주빈에게 감사를 표시하면서 강대국의 야심과 관련하여 그가 오랫동안 품고 있던 우려를 표명했다. "당신이 개의치 않는다면 한마디만 하겠다. 정글의 법칙이 작동하는 한, 작은 나라들은 큰 나라를 두려워하지 않을 수 없다. (⋯) 대통령 각하, 당신의 백악관 입성은 국제적 관계에서 정글의 법칙을 바꾸어놓지는 않았지만, 당신의 백악관 입성으로 인해 우리의 우려는 정말 크게 줄어들었다."[71]

앞에서 언급했듯이, 니에레레는 다른 무엇보다도 "국가의 아버지"로서 이해될 필요가 있다. 그는 민주주의자 혹은 사회적 비전을 지닌 인물은 아니었다. 오늘날의 세대에게 므왈리무 니에레레의 중대한 정치적 업적을 강조하기 위해서는 정치적 사실 하나만으로도 충분하다. 물론 그와 같은 업적은 식민지의 법적·행정적 관행을 배경으로 하여야만 가장 잘 이해될 수 있을 것이다. 앞에서 살펴보았듯이, 간접지배국가는 통치의 대상이 되는 국민을 인종 혹은 부족 같은 집단의 구성원으로서 규정했다. 이러한 국가는 권리와 의무를 집단에게 부여했지 개인에게 부여하지는 않았다. 정치적 영역에서의 처벌 역시 개인이 아닌 집단에게 부과되었다. 법질서와 행정질서가 변하지 않은 상태에서 이러한 관행은 당연하게도 독립과 더불어 대의정치제가 도입됨으로써 더욱 악화될 뿐이었다. 정치적 반대가 점증하자 반대자 개개인의 인종 또는 부족을 식별하고, 낙인찍고 공격의 목표로 삼는 것이 관례가 되었다. 그 결과 종족 숙청과 극단적 폭력에 의해 점철된 지역적인 정치 환경이 조성되었다. 이러한 일반적인 경향에 대한 유일한 예외가 있다면, 그것은 탄자니아 본토다. 필자의 생각으로는 이는 전적으로 므왈리무 니에레레의 정치적 역할 덕분이다. 공통의 정치적 시민권과 법에 기반을 둔 질서를 창출한 니에레레의 업적이 지속될 수 있을 것인지의 여부는 후세들이 국민국가를 넘어서는 정치체제, 다시 말해 사회정의를 구현하는 것에 필적하는 정치체제를 만들어낼 수 있는가에 달려 있다. 그러나 이것은 필자의 작은 책이 다룰 수 있는 범위를 넘어서는 문제다.

감사의 글

    비교의 관점에서 사고할 수 있었던 것은 아디스아바바 대학 부총장을 역임한 에셰테(Andreas Eshete) 교수 덕분이다. 로마제국에 관한 문헌을 친절하게 소개해준 컬럼비아대학 역사학과의 마이우로(Marco Maiuro)에게 감사의 말을 전한다. 아다트(adat)에 관한 문헌을 소개해준 필자의 제자인 컬럼비아대학 인류학과 대학원생인 팬(Lilianne Fann)에게도 감사의 말을 전하고 싶다. 또한 편집과 문헌 작업에 도움을 준 컬럼비아대학 역사학과 대학원생인 캐리언(Doris Carrion)에게도 감사의 말을 전한다. 일상적인 직무에 도움을 주어 이 강의를 준비할 시간을 마련하게 해줬던 캄팔라의 마케레레(Makerere) 사회학연구소의 태즈와이어(Doreen Tazwaire)와 컬럼비아대학 공공·국제관계

대학원의 체랄리(Tarik Chelali)에게도 감사의 말을 전한다.

나의 사랑하는 미라(Mira)에게 이 강의록을 바친다. 나와 조란(Zohran)은 그녀를 와와(Wawa)라는 애칭으로 부른다. 그 애칭은 자연의 강력한 힘이라는 뜻의 구자라티 와와조두(Gujarati wawajodu)에서 따온 것이다.

주석

서문

1 서문, W. E. B. Du Bois, *The World and Africa*, The Oxford W. E. B. Du Bois Series, Henry Louis Gates, Jr., ed. (New York, Oxford University Press, 2007).

2 Mahmood Mamdani, *When Does a Settler Become a Native? Reflections on the Colonial Roots of Citizenship in Equatorial and South Africa* (Inaugural Lecture, May 13, 1998, University of Cape Town, New Series No. 208).

1장 원주민성(Nativism): 이론

1 Irfan Habib, "The Coming of 1857," *Social Scientist*, vol. 26, no. I (Jan.–April, 1998) 6면; cited in William Dalrymple, *The Last Mughal* (London, Bloomsbury, 2006), 10면.

2 Henry Sumner Maine, "India," Humphrey Ward, ed., *The Reign of*

Queen Victoria: A Survey of Fifty Years of Progress, 474, 478면에서 재인용; Karuna Mantena, *Alibis of Empire: Henry Maine and the Ends of Liberal Imperialism* (Princeton, Princeton University Press, 2010), 50면에도 실려 있다.

3 Maine, "The Effects of Observation of India on Modern European Thought," in Maine, *Village Communities in the East and West, with Other Lectures, Addresses and Essays*, 3rd ed. (London, John Murray), 216~17면.

4 같은 책 211면.

5 같은 책 211~18면.

6 같은 책 220, 224면.

7 같은 책 214면.

8 같은 책 215~16면.

9 같은 책 215면.

10 같은 책 210면.

11 Maine, *Village Communities in the East and West*, 56~57면.

12 Dante J. Scala, 서문, Henry Sumner Maine, *Ancient Law* (초판 1866, New Brunswick and London, Transaction Publishers, 2004), viii면; Mantena, *Alibis of Empire*, 1장 참조. (메인의 『고대법』은 2009년 세창출판사에서 번역출간되었으나, 본고에서는 참조하지 않았다. — 옮긴이)

13 Christopher A. Bayly, "Maine and Change in Nineteenth-Century India," in Alan Diamond, ed., *The Victorian Achievement of Sir Henry Maine: A Centennial Reappraisal* (Cambridge, Cambridge University Press, 1991), 393면. Mahmood Mamdani, *Good Muslim, Bad Muslim: America, the Cold War and the Roots of Terror* (New York, Pantheon, 2004), 1장의 "문화론" 논의 참조.

14 Maine, *Village Communities in the East and West*, 9면.

15 Maine, *Ancient Law* (초판 1866, New Brunswick and London, Transaction Publishers, 2004), 3, 9, 13~14, 21면.

16 "순차적으로 페르시아 군주제에 통합되었던 인종들과 인도 반도에 모여 살았던 인종들이 모두 각각의 영웅의 시대와 귀족의 시대를 거쳤

다는 사실을 뒷받침하는 상당한 근거들이 존재한다. 그러나 군사적 과두제와 종교적 과두제는 별개로 성장했던 것으로 보인다. 또한 전반적으로 왕의 권한이 대체되었던 것도 아니었다. 물론 서구에서 전개된 과정과는 정반대로 동양에서는 종교적 요소가 군사적·정치적 요소를 능가하는 경향을 보였다." 같은 책 11면.

17 "마누법전이라고 불리는, 브라만이 편찬한 것임에 틀림없는 힌두법은 힌두 인종들이 진짜 준수한 법규를 다수 포함하고 있는 것은 맞지만, 최고의 권위를 인정받는 오늘날의 오리엔탈리스트들의 견해에 따르면, 마누법전은 전체적으로 봤을 때 힌두국가에서 실제로 지배할 때 사용된 법규를 대변하지는 않는다고 한다. 마누법전의 상당한 부분이 브라만의 시각에서 바라보았을 때 마땅히 법이 되어야만 하는 것을 이상적으로 그려낸 것이다." 이와는 반대로 "로마법은 로마인들의 실제로 존재하는 관습을 글로써 표현한 것이다." 같은 책 17~18면.

18 "민족지학에 따르면, 로마인과 힌두인은 동일한 원류에서 기원하며, 그들의 고유한 관습은 서로 깜짝 놀랄 만한 유사성을 보인다. 오늘날까지도 힌두 인종의 법리학은 통찰과 건전한 판단의 기층을 보유하고 있다. 그렇지만 비합리적인 모방은 그 안에 잔혹한 부조리의 거대한 기제를 잉태하고 있다. 로마인들을 이러한 부패로부터 보호한 것은 바로 그들의 성문법이었다." 같은 책 20면.

19 같은 책 16~17면.

20 같은 책 77면.

21 "브라만 지배하의 인도가 인류의 모든 가족의 역사에서 발생하는 하나의 단계, 즉 법의 지배가 종교의 지배로부터 구별되는 단계를 아직 넘어서지 못했다는 것을 우리는 확인할 수 있다. (…) 중국은 이미 이러한 단계를 지났지만, 진보가 그곳에 포획된 상태로 존재하는 것 같다. 왜냐하면 시민법이 중국 인종이 구사하는 모든 사상과 동시에 존재하기 때문이다." 그와는 다르게 "힌두인들 사이에서는 법에 내재된 종교적 요소가 완벽한 지배권을 획득했다". 같은 책 23, 192면.

22 같은 책 24면.

23 같은 책 22면.

24 Maine, *Lectures on the Early History of Institutions* (4th ed., 1885, Honolulu, University Press of the Pacific, 2002), 30~31면.

25 같은 책 64면.

26 같은 책 1면.

27 Maine, *Ancient Law*, 129면.

28 Maine, *Lectures on the Early History*, 68면.

29 Maine, *Ancient Law*, 163면. "(⋯) 원시 시대의 사회는 결코 개인들의 총합으로 존재했을 것이라고 추정될 수 없다. 실제로 그리고 그 사회를 구성했던 사람들의 관점에서 사회는 가족들의 총합이었다." Maine, Ancient Law, 126면.

30 같은 책 258면.

31 같은 책 130면.

32 같은 책 131면.

33 Maine, *Lectures on the Early History*, 65면.

34 그는 "아일랜드법과 힌두법을 연결지으면서, 그 사이에 존재하는 눈에 띄는 공통점을 매우 상세하게" 서술했다 [그리고 계속해서 아일랜드법을 페르시아법과도 연결지었다]. "채권자가 자신보다 높은 신분의 채무자에게 빚 청산을 요구할 때에는 '그의 면전에서 단식을 행하는 것'이 규칙이다." 페르시아에서는 "단식을 수반하는 방식으로 빚 청산을 강요하고자 하는 사람은 채무자의 대문에 보리씨앗을 살짝 뿌리고 마당 가운데에 앉는 것으로 자신의 요구를 개시한다. 이것이 상징하는 바는 명확하다. 채권자는 돈을 돌려받을 때까지 그렇지 않다면 보리씨앗이 자라나서 그것으로 만든 빵을 제공할 때까지 곡기를 끊고 그곳에 그대로 앉아 있겠다는 의지를 표명하는 것이다". 이에 상응하는 인도의 관습은 "앉은 자세의 다르나(dharna)"로 알려져 있다. "위에 언급된 목적을 달성할 목적으로 이러한 방편을 활용하고자 하는 브라만은 상대방의 대문이나 집으로 걸어가거나 아니면 그를 가장 쉽게 붙잡을 수 있는 곳으로 간다. 그다음 그 자리에서 독극물 혹은 단검, 아니면 또다른 자살 도구를 손에 들고 다르나 자세로 앉는다. 그가 그러한 도구를 손에 들고 있는 이유는 상대방이 폭력을 행사하면서 그를 그냥 지나쳐 가려 할 때 그를 위협하기 위해서다. 그 브라만은 이러한 상태로 단식을 한다. 그에게 붙잡힌 불운한 상대방도 엄중한 예법에 의거 단식을 하지 않을 수 없다. 그리고 그런 식으로 다르나를 개시한 사람이 만족할 때까지 그 둘은 그 상태를 유지한다." 아일랜드인도 똑같이

행동한다. "쎈추 모르(Senchus Mor, 고대 아일랜드의 판결 모음집 ─
옮긴이)의 주요 조항"은 다음과 같이 규정하고 있다. "신분이 열등한
위치에 있는 사람은 자기보다 높은 신분의 사람을 대상으로 분쟁을 일
으킬 때는 언제나 이를 미리 고지해야 한다. 단, 높은 신분의 사람이
낮은 신분의 사람을 대상으로 할 때 또는 낮은 신분의 사람이 높은 신
분의 사람의 면전에서 할 때에는 예외가 적용된다. 이러한 모든 경우
에 분쟁 이전에 단식이 선행되어야 한다." Maine, *Lectures on the Early
History*, 296~301면.

35 같은 책 11면.

36 같은 책 226면.

37 같은 책 52~53면.

38 Maine, *Ancient Law*, 170면.

39 그리하여 메인은 범세계주의와 다원주의의 깃발을 치켜든 불굴의 지
식인으로서 다음과 같이 쓸 수 있었던 것이다. "맹목적인 자연의 힘을
제외한다면, 이 세상의 그 어떤 것도 그리스를 원천으로 하지 않는 것
은 없다."(Maine, "The Effects of Observation," *Village Communities*,
238면).

40 메인의 『고대법』(*Ancient Law*)은 법적 의제(legal fiction), 형평법(eq-
uity, 영미법에서는 보통법(common law)에 대립하는 법을 가리킨다.
이것은 보통법만으로는 지나치게 엄격하고, 사회의 발달에 부응하지
못하는 경우 보통법 법원(法院)과 다른 법원이 형평·평등·정의의 원
리에 입각하여 이를 보충하는 재판을 치른 데서 유래했다 ─ 옮긴이),
입법(legislation)이라는 세가지 매개체에 대한 폭넓은 논의를 포함하
고 있다. 이러한 매개체들을 통해 법은 안정성의 필요를 발전적인 변
화의 필요와 결합시킨다. 예를 들어 법적 의제라는 매개체를 통해 로
마법은 엄격하지만 유연하게 적용되는 신성불가침과 변화에 대한 개
방성을 결합시킬 수 있었다. 이와 동시에 메인은 법이 실체적 가치의
근원, 즉 형평법을 필요로 한다고 주장했는데, 진보적인 경향을 법에
불어넣어 그것을 문명화하기 위해서였다. 이러한 것은 자연법이 로마
법에 부여했던 것인데, 이것은 그리스인은 순수한 법의 세부사항에 함
몰되었던 것과 대비된다. 그리고 힌두인들이 단순성과 형평성을 결여
했던 것과도 마찬가지로 대비된다.

41 Alfred C. Lyall, "Life and Speeches of Sir Henry Maine," *The Quarterly Review*, (April 1893), 290면; cited in Mantena, *Alibis of Empire*, 166면.

42 Maine, *Lectures on the Early History*, 359~60면.

43 같은 책 361면.

44 같은 책 361면.

45 같은 책 362면.

46 같은 책 366~67면.

47 같은 책 367면.

48 같은 책 365면.

49 같은 책 380면.

50 같은 책 380~81면.

51 같은 책 382면.

52 같은 책 383면.

53 같은 책 392면.

54 같은 책 393면.

55 Maine, "The Effects of Observation," *Village Communities*, 237면.

56 "그러나 우리가 준수해야 할 규칙이 자연집단의 외부에 위치한 권위에서 발원하고, 그것이 자연집단의 구성 부분이 아니라면 그것은 관습적 규칙과는 전적으로 다른 특성을 지니게 될 것이다. 그러한 규칙은 미신의 지원을 상실하게 될 것이다. 아마도 여론의 지원도 상실하게 될 것이다. 나아가 자발적 충동의 지원은 확실하게 상실하게 될 것이다. 법을 뒷받침하는 힘은 따라서 보다 원시적인 유형의 사회에서는 결코 본 적이 없던 강도의 순수한 강제력이 될 것이다. (…) 체제와 결합된 강제력 개념이 변화함에 따라, 필자의 생각에는 체제의 개념 역시 변화해왔다." Maine, *Lectures on the Early History*, 392~93면.

57 같은 책 394면.

58 Cyril H. Philips, Hira L. Singh, and Bishwa N. Pandey, eds., *The Evolution of India and Pakistan, 1858 to 1947: Select Documents* (1962), 11면.

59 마지막 구식 반란인 1857년의 세포이항쟁과 새로운 방식의 민족주의적 선동이 시작된 1907년 사이에 인도정부는 자신의 농업전략을 경제적 후퇴를 무릅쓰면서까지 자유시장의 장려로부터 인도제도의 보호로 전면적으로 수정했다. 재정농업부는 1890년대까지는 농촌공동

182

체, 하위 카스트, 봉건 농토를 인도사회의 안정을 보장할 수 있는 유일한 제도로 간주했다. 입법을 통해 (지대를 내지 않았을 때 토지를 몰수하겠다고 위협하는) 고리대금업자들과 (소작권을 분산시키기 위해 애를 쓰는) 지주들에게 대항하는 경작자들의 형제단인 비라데리(biraderi, 일종의 중요한 역할을 하는 거대 친족 집단으로 우리의 문중과 같은 역할을 한다. 특정 남성 선조를 공통의 조상을 갖고 있는 모든 남성은 그 관계가 얼마나 멀리 떨어져 있던 동일한 비라데리에 속한다. 여성은 일단 아버지의 비라데리에 속하지만, 결혼 이후에는 남편의 비라데리에 포함된다. 도시에 거주하여도 이러한 혈연은 출생, 결혼 및 장례 같은 문중의 대소사에 참여하거나 또는 주기적 방문을 통해 유지된다 ― 옮긴이)를 보호함으로써 농촌공동체의 내적 결속력을 보호했다. 소작법을 통해 소작농이 권리를 행사할 수 있도록 했고, 토지에 대한 소유권을 토지대장에 기록함으로써 법정에서 이들이 소유권을 손쉽게 방어할 수 있도록 했다. 협동조합을 만들어 대안적인 대부기관으로 역할을 수행하도록 했다. 고리대금금지법을 만들어 이자율을 마음대로 올리지 못하도록 했다. 구제법을 만들어 판사들로 하여금 소작인들의 빚을 탕감할 수 있는 특별한 권한을 행사할 수 있도록 했다. 그리고 개별 하위 카스트에 대한 성원권은 부정되었다. 그러자 사람들은 잘 정돈된 위계제 안으로 편입되었다. 농민 카스트는 상인 카스트에게 토지를 판매하는 것이 금지되었다. 전사 카스트는 군대에 징집되었다. 반역자 카스트(disloyal castes, 세포이 반란군 편을 들었던 힌두교도 카스트 ― 옮긴이)는 정부의 공직에서 추방되었다. 법원은 장자상속제를 도입하고 저당 잡힌 토지를 상실하지 않도록 조치함으로써 농민들의 토지를 보호했다. 인도 사회의 결속력을 유지하기 위해 필사적인 노력을 기울였던 사람들은 메인의 추종자들이었다. 펀자브 토지매매법을 만들어낸 장본인인 이벳슨(Sir Denzil Ibbetson)은 소유권의 발생에 대한 메인의 구상이 "개인 토지소유권의 취하 불가능한 증여는 시기상조라서 반드시 철회되어야만 한다. 만약 그렇게 되지 않는다면 펀자브의 토지 소유 농민들이 상인 혹은 대부업자에게 토지를 빼앗기게 될 것"이라고 주장했다. 이러한 농업전략의 기념비적인 성과는 펀자브 토지매매법(1900)의 통과다. 이 법은 서로 다른 부족들 간의 토지매매를 금지했다(이로써 자유방임정책과 카스트 형성의 가장 기본적인 원칙을 어겼다). 펀자브 토지매매법을 처음 구상했던 소어번(Septimus Smet Thorburn, 1844~1924)은 자신의 저작 *Mussalmans and Moneylenders in the Punjab*(1886)을 인도 의회 (the Council of India, 영국식민지 총독정부 산하에 있는 자문의회 — 옮긴이) 구성원 모두에게 보냈다. Clive Dewey, "The Influence of Sir Henry Maine on Agrarian Policy in India," in Alan Diamond, ed., *The Victorian Achievement of Sir Henry Maine: A Centennial Reappraisal* (Cambridge, Cambridge University Press, 1991), 353~56, 370면 참조; John Lyons, "Linguistics and Law, the Legacy of Sir Henry Maine," in Diamond, ed., *The Victorian Achievement of Sir Henry Maine*, 303면 참조.

60 Clive Dewey, 같은 책 357면 참조.

61 Christopher A. Bayly, "Maine and Change in Nineteenth-Century India," See Dewey, "The Influence of Sir Henry Maine," in Diamond, ed., *The Victorian Achievement of Sir Henry Maine*, 396면. 달림플은 왕이 세포이항쟁을 무슬림의 음모라고 간주함(440~43면)으로써 이미 왕의 지배가 시작되었다고 주장한다. 그 이후 왕은 힌두교도를 무슬림으로부터 분리하고 그런 다음 무슬림을 겨냥하는 정책을 펼쳤다. 왕은 처음에는 무슬림을 도시에서 추방시켰다(420면). 그런 다음 다시 그들이 도시로 들어오는 것을 허용했다(460~63면). 마지막으로 무슬림을 악마화하는 정책을 추진했다(477~79면). 19세기 말경, 왕이 스스로를 무슬림의 보호자로 자처하는 것으로 사이클의 한바퀴를 완성하게 되었다. William Dalrymple, *The Last Mughal* (London, Bloomsbury, 2006).

62 Sumit Sarkar, *Swadeshi Movement in Bengal*, 1903-1908; Nick Dirks, "Colonial and Postcolonial Histories, Comparative Reflections on the Legacies of Empire," Global Background Report for the Human Development Report, 2004, *Building Inclusive Societies*, mimeo (Columbia University), 8면에서 재인용.

63 Scott Alan Kugle, "Framed, Blamed and Renamed, The Recasting of Islamic Jurisprudence in Colonial South Asia," *Modern Asian Studies*, 35, 2(May 2001), 257~313, 300~01면.

64 Kugle, "Framed, Blamed and Renamed," 257~313, 263면.

65 Dirks, "Colonial and Postcolonial Histories," 7면.

66 Barbara D. Metcalf and Thomas R. Metcalf, *A Concise History of India* (Cambridge, Cambridge University Press, 2002), 158~59면.

67 이 주장은 Nick Dirks, *Caste of Mind: Colonialism and the Making of Modern India* (Princeton, Princeton University Press, 2001)에서 가져왔다.

68 Lilianne Fan, *Islam, Indigeneity, Legality, Native and Migrant Difference in the Making of Malay Identity* (Unpublished MA Thesis, Anthropology, Columbia University, 2004), 8, 15면.

69 Michael B. Hooker, *The Personal laws of Malaysia* (1976), 62면, 같은 책 20면에서 재인용.

70 Geoffrey Benjamin, "On Being Tribal in the Malay world," in Benjamin and Chou, eds., *Tribal Communities in the Malay World* (Leiden and Singapore, 2002), 44면.

71 이 문단과 다음 문단은 Colin Nicholas in Benjamin and Chou, eds., *Tribal Communities in the Malay World* (Leiden and Singapore, 2002), 102면에서 가져왔다.

72 "따라서 말레이 세계에서는 외생 기원을 내세울 수 있다는 것은 지배권에 대한 정당성을 확보할 수 있다는 것을 의미했다. 다소의 차이가 없는 것은 아니지만 술탄·귀족·재상은 멜라유(Melayu)에 기원을 두고 있지 않음을 부끄러워하지 않는다. 반대로 완벽한 원주민(asli)는 자신이 피지배자로 태어난 것임을 의미한다." Benjamin, "On Being Tribal," in Benjamin and Chou, eds., 같은 책 20면.

73 같은 책.

74 이러한 봉기보다 먼저 발생한 초기 항쟁이 존재한다. 1825년 자바전쟁(Java War)이 그것이다. 이 전쟁은 왕족 디포느고르(Prince Diponegoro)가 "이단교도들"의 식민지 지배에 반대해 일으킨 항쟁이었다. 자바 전쟁은 네덜란드인들에 의해 손쉽게 진압당했지만, 이슬람 학자에 의해 부추겨진 촌락의 항쟁은 지속적으로 네덜란드 권력의 중심지인 자바에 위치한 식민지 정부를 괴롭혔다. "J. M. van der Kroef, "Prince Diponegoro, Progenitor of Indonesian Nationalism," *Far Eastern Quar-*

terly (1949), 8, 430~33면 참조. Eduard S. de Klerck, *History of the Netherlands East Indies* (Rotterdam, 1938), 2, 342면.

75 Christiaan Snouck Hurgronje, *The Achehnese*, A. W. S. Sullivan, 영어판 (Leiden, E. J. Brill, 1906), v면.

76 Anna Lowenhaupt Tsing, "*Adat*/Indigenous," in Carol Gluck and Anna Lowenhaupt Tsing, eds., *Words in Motion: Towards a Global Lexicon* (Durham and London, Duke University Press, 2009), 41면.

77 Snouck, The Achehnese, 1, 10~11, 14면, Tsing, "*Adat*/Indigenous," in Gluck and Tsing, eds., 같은 책 50면에서 재인용.

78 "따라서 느리지만 확실하게 변화하는 그들 사회의 제도는 그것의 개별 단위에 의해 변화될 수 없으며 고정적인 것으로 숭배된다. 그러나 바로 이러한 맥락에서 아다트의 내용에 관해 논의가 끊임없이 이루어질 여지가 주어진다[메카 지배자의 아다트에 관한 논의에 대해서는 Mamdani, Mekka, vol. I, 11 이하 참조]. 참된 그리고 순수한 아다트는 실제로 무엇인가? 과거에는 확실한 증언에 기초해 봤을 때 무엇이 참되고 순수한 아다트로 평가되었는가? 현재에는 다수의 사람들이 어떤 아다트를 실천하고 있는가? 또는 대다수의 해석에 반대되는 해석에 기초하여 어떤 아다트를 법과 같은 것 또는 허용할 만한 것으로 간주하는가? 이와 같은 세가지 질문이 가장 중요한 질문이다. 그리고 그것에 대한 답은 그것의 프레임을 정하는 자의 개인적인 관심에 따라 주어질 것이라는 점을 상상하는 것은 그렇게 어려운 일이 아니다." Christiaan Snouck Hurgronje, *The Achehnese*, A. W. S. Sullivan, 영어판 (Leiden, E. J. Brill, 1906), 1, 10면.

79 같은 책 16면.

80 같은 책 1, 94~95면.

81 같은 책 1, 153면.

82 같은 책 Part I, 1, 88면.

83 같은 책 159~60면.

84 같은 책 1, 88면.

85 같은 책 2, 314면.

86 Jaspen, Eduard J. M. Schmutzer, *Dutch Colonial Policy and the Search for Identity in Indonesia* (Leiden, E. J. Brill, 1977), lii면. (Fan, *Islam*,

186

Indigeneity, Legality, Native and Migrant Difference, 2, 7, 11. 5면)에서 재인용.

87 Hurgronje, 앞의 책 1, 166~67면.

88 그는 이슬람에 대해 3가지 사안을 지적했다. 성직자 조직이 존재하지 않는다는 점, 이슬람 예배와 종교재판을 집행하는 관리가 전통적으로 토착 지배자의 상위가 아니라 하위에 있다는 점 그리고 이들 관리들과 그들에게 명령을 내리는 자들 모두 통상 이슬람 "광신주의"에 젖어 있지 않다는 점이 그것이다. 독자적인 **울라마** 역시 다른 이슬람국가에서 자신의 역할을 수행하는 자들과 똑같이 독립적이었다. 그들 대다수는 언제나 그래왔듯이 내세를 연구하고 가르치는 사람들로서 평화롭게 알라를 경배하는 것 외에는 다른 어떤 것도 원하지 않았다. 달리 말하면, 인도네시아인들은 다른 무슬림과 마찬가지로 오로지 자신들의 종교에만 충성을 바치는 것은 아니었다. 장소와 시기를 불문하고 엄격한 이슬람법은 전통적인 관습과 도덕에 적응해야 했을 뿐만 아니라 그러한 법을 따르는 신도들을 지배하는 정치적 현실에도 적응하지 않을 수 없었다. 그리하여 코란법이 군사법과 가족법의 영역에 적용되는 부분이 있었다면, 이외의 모든 사안에 대해서는 인도네시아의 **아다트**가 우세를 보이고 있었다. 공포의 원인이 여전히 남아 있었다고 하더라도, 그것은 범이슬람주의에 헌신하는 소규모 소수집단―특히 광신적인 **울라마**―의 공포였다는 것이 정확한 표현일 것이다. "Over panislamisme"(1910), 1, 364~80면; G. H. Bousquet and J. Schacht, eds., *Selected Works of C. Snouck Hurgronje* (Leiden, 1957)를 참조할 것. 최근의 논의를 보려면, Jans Prins, "Adat- law and Muslim Religious law in Modern Indonesia," *Welt des Islams*, N. S. (1951), 1, 283~300면을 참조할 것. 이 문제 전체를 다룬 연구는 휘흐로로네의 방대한 저작 *The Achehnese* (Leiden, 1906), 1, xvi면을 참조할 것. Harry J. Benda, "Christiaan Snouck Hurgronje and the Foundations of Dutch Islamic Policy in Indonesia," *The Journal of Modern History*, 30, 4 (December 1958), 338~47면을 참조할 것. Benda, *The Crescent and the Rising Sun: Indonesian Islam Under the Japanese Occupation, 1942- 45* (The Hague and Bandung, 1958), 32~99면 참조.

89 Tsing, "*Adat*/Indigenous," in Gluck and Tsing, eds., *Words in Motion*,

49면.

90 Hurgronje, *The Achehnese*, 1, 14면, cited in Tsing, "*Adat*/Indigenous," in Gluck and Tsing, eds., *Words in Motion*, 50면.

91 Mona Abaza, "Ada/Custom in the Middle East and South Asia," in Tsing, "*Adat*/Indigenous," in Gluck and Tsing, eds., *Words in Motion*, 72면.

92 Harko W. J. Sonius, "Introduction," in *Van Vollenhoven on Indonesian Adat Law*, ed., Johan F. Holleman (The Hague, Martinus Nijhoff, 1981), xxxvi면, cited in Mona Abaza, "Ada/Custom in the Middle East and South Asia," in Tsing, "*Adat*/Indigenous," in Gluck and Tsing, eds., *Words in Motion*, 73면.

93 Mona Abaza, "Ada/Custom in the Middle East and South Asia," in Tsing, "*Adat*/Indigenous," in Gluck and Tsing, eds., *Words in Motion*, 75면.

2장 원주민성: 실제

1 Karuna Mantena, *Alibis of Empire: Henry Maine and the Ends of Liberal Imperialism* (Princeton, Princeton University Press, 2010).

2 이와 관련된 논의로 Ranajit Guha, *History at the Limits of World-History* (New York, Columbia University Press, 2003) 참조.

3 요루바랜드(Yorubaland)의 "전통"에 관한 데이비드 라틴의 연구를 참조할 것. 영국인들은 요루바랜드에서 지역엘리트들과 협력하는 정책을 추구했는데, 그것은 자신들이 아웃사이더로 취급당하는 위험을 무릅쓴 것이었다. 라틴은 영국인들이 왜 지역엘리트들을 "전통적인" 동맹자로 선택했는지 그 의미를 제대로 이해하고 있다. 정당성은 있으나 권위가 결여되어 있던 지역 엘리트들과 동맹을 맺었다는 것은 그들의 약화된 권위를 회복시켜주는 댓가로 그들의 정당성을 도구화했다는 것을 가리킨다. David Laitin, *Hegemony and Culture: Politics and Religious Change Among the Yoruba* (Chicago, Chicago University Press, 1986).

4 Eric Hobsbawm and Terence Ranger, *The Invention of Tradition* (Cambridge, Cambridge University Press, 1983).

5 Barthold Georg Niebuhr, *History of Rome*, 3 vols., (Philadelphia, Thomas Wardle, 1835).

6 "정치사상사의 출발점은 실제로 혈연관계가 바로 정치적 기능을 하는 공동체에서 유일하게 가능성 있는 기반이 된다는 가정이다." Maine, *Ancient Law*, 129면.

7 John Hannings Speke, *Journal of the Discovery of the Source of the Nile* (New York, Harper and Brothers, Publishers, 1864), ix, 241~54면.

8 Tharcisse Gatwa, *The Churches and Ethnic Ideology in the Rwandan Crisis*, 1900-1994 (PhD Dissertation, University of Edinburgh, 1998) 참조.

9 Mahmood Mamdani, *When Victims Become Killers: Colonialism, Nativism and Genocide in Rwanda* (Princeton, Princeton University Press, 2001), 56면 참조.

10 Abdullahi Smith, "Some Considerations Relating to the Large-Scale Recording of Oral Traditions in the Northern States," in *A Little New Light* (Zaria, Abdullahi Smith Centre for Historical Research, 1987).

11 Mamdani, *Saviors and Survivors: Darfur, Politics and the War on Terror* (New York, Pantheon, 2009) 참조.

12 Winston Churchill, *The River War: An Account of the Reconquest of the Sudan* (New York, Carroll and Graff Publishers, 2000).

13 Sir Harold A. MacMichael, *A History of the Arabs in the Sudan and Some Account of the People who Preceded Them and of the Tribes Inhabiting Darfur* (Cambridge, U.K., The University Press, 1922, 2 vols.).

14 Ali Mazrui, *Euro-Jews and Afro-Arabs: The Great Semitic Divergence in World History* (Maryland, University Press of America, 2008).

15 수단의 국가정책에서 알려진 것 중 유일하게 진지한 시도는 아랍화 패러다임을 문제시한 것이다. 이 패러다임은 1972년 북부의 정부와 남부 반군 사이에 체결된 아디스아바바합의에 따라 진행되었다. OAU 의 10주년 기념으로 발간된 책에 따르면, 니메이리(Nimeiry) 정부 외교부가 — 외무부 장관인 칸리드(Mansour Khalid)와 차관인 아벨(Ali

Abel)과 덩(Francis Deng)의 리더십하에 — 의식적으로 수단역사의 패러다임을 아랍화 같은 동화(assimilation)에서 통합(integration)으로 전환하고자 시도했던 것이다.

16 Sigmar Hillelson, "David Reubeni, An Early Visitor to Sennar," *Sudan Notes and Records*, 16, 55~56면.

17 Jay Spaulding, *The Heroic Age in Sennar* (Trenton, N.J., The Red Sea Press, 2007).

18 Rex S. O'Fahey, *State and Society in Dar Fur*, 4~5면.

19 Robin Neillands, *The Dervish Wars, Gordon and Kitchener in the Sudan, 1880-1898* (London, John Murray, 1996), 66면.

20 Douglas H. Johnson, "Recruitment and Entrapment in Private Slave Armies, The Structure of the Zariba in the Southern Sudan," *Slavery and Abolition*, 13:1 (April 1992), 162~73면.

21 Fergus Nicoll, *The Sword of the Prophet, The Mahdi of the Sudan and the Death of General Gordon* (UK, Sutton publishing, 2004), 7면.

22 Neillands, 앞의 책 155면.

23 John Iliffe, *A Modern History of Tanganyika* (Cambridge, U.K. and New York, Cambridge University Press, 1979) 참조.

24 "Our Power," Victoria to Sir Henry Ponsonby, Feb. 5, 1885, George E. Buckle, ed., *The Letters of Queen Victoria* (London, John Murray, 1928), 3, 598면; 이 부분과 글래드스턴은 Dominic Green, *Three Empires on the Nile: The Victorian Jihad, 1869-1899* (New York, Free Press, 2007), 199면에서 인용.

25 칼리파(Khalifa)의 최후위원회는 자정 바로 직전에 열렸다. 그의 장군들은 영국군과 다시 한번 낮 시간에 전투하는 것을 피하자고 집요하게 요구했고, 다른 날을 잡아 야간공격을 감행하자고 압박을 가했다. 이 전략을 가장 강력하게 펼친 사람이 알칼릴(Ibrahim al-Khalil)이었는데, 그는 서부 지역의 유목민인 리제이카트(Rizeigat) 부족 출신의 젊은 에미라(amir, 지휘관)이었다. 저명한 안사르(Ansar) 장군인 디그나(Osman Digna)는 수년 전 홍해 반란을 이끌었던 영웅으로서 그를 지지했다. "알라의 이름으로 이들 영국인들을 처벌하리라"라고 그는 말했다. 15년간 영국군을 상대해온 그는 야간공격을 감행해야만 한다

190

고 주장했다. "트릭을 사용하지 않고서는 영국군을 이길 수 없다." 디그나는 안사르가 전투에서 승리했던 경우는 언제나 기습공격을 감행했을 때였다고 주장했다. 어둠을 틈타 가능한 곳에서는 자연의 엄호를 받으면서 포복자세로 앞으로 나아가서 동이 틀 무렵까지 기다렸다가 가까운 막사로부터 최종돌격을 감행해야만 승리를 거둘 수 있다는 것이다. 대낮에 트인 공간에서 공격을 감행한다는 것은 용감하긴 하지만, 자살이나 마찬가지라는 것이다. 반대 논지는 칼리파의 아들인 알딘('Osman' Sheikh al-Din)에 의해 주도되었다. 그는 아버지의 사적 경호부대, 녹색기 휘하의 물라지민(Mulazimin)을 이끄는 지휘관이었다. 의견대립이 가열되면, 칼리파는 언제나 그렇듯이 그의 형제이자 흑색기 부대의 지휘관인 야쿠브(Yaqub)의 지원을 받으면서 최종명령을 내렸다. "기도를 마친 뒤, 아침에 출정한다"(Green, 258면). 이외에도 L. Carl Brown, "The Sudanese Mahdiya," in Robert L. Rotberg and Ali A. Mazrui, eds., *Protest and Power in Black Africa* (New York, Oxford University Press, 1970), 147면을 참조할 것. 이러한 예를 따르라고 주장했던 마흐디교도(the Mahdi)의 초기 예를 보려면, Muhammad I. Abu Salim, *Al-Athar Al-Kamila lil Imam al-Mahdi*, vol. 1 (Khartoum, Khartoum University Press, 1993), 162~64면을 참조할 것. Dr. Fisal Muhammad Musa, "Judiciary and the Nile Fleet in the Mahadiya State in Sudan," lecture given at Fifth International Conference on Sudan Studies at Durham University, 1999; Aharon Layish, "The Legal Methodology of the Mahdi," *Sudanic Africa* (1997), 8, 37~66면도 참조할 것.

26 영국 쪽 자료는 칼리파의 5만 2,000명의 막강한 병력 중 전사자는 1만 2,800명, 부상자는 1만 6,000명에 이르렀을 것으로 추정한다. 영국군 여단의 사상자는 전사자 28명, 부상자 147명이었다. 여기에 덧붙여 이집트인과 수단인으로 구성된 연대의 영국인 장교와 "원주민 부대원" 중 전사자 20명, 부상자 281명이 더 존재했다는 사실도 함께 고려해야 한다는 주장이 제기되었다. Heather Sharkey, "A Jihad of the Pen, Mahdiya History and Historiography" (unpublished, draft lecture, November 18, 1993), 5면, Fergus Nicoll, *The Sword of the Prophet, The Mahdi of the Sudan and the Death of General Gordon* (UK, Sutton publishing, 2004), 5면에서 재인용.

27 Neillands, 앞의 책 211면.

28 같은 책 213면.

29 Thomas Keneally, *Bettany's Book* (London, Sceptre, 2001), 6, 85면; Fergus Nicoll, 같은 책 3~6면 참조.

30 Neillands, 앞의 책 213~14, 215~16면.

31 Maine, *Lectures on the Early History*, 330면.

32 Peter A. Brunt, *Roman Imperial Themes* (New York, Oxford University Press, 1990), 114~15면.

33 같은 책 317면.

34 코마탄 갈리아(Comatan Gauls)에게 원로원 직을 허용할 것인지의 문제를 두고 클라우디우스(Claudius) 황제 시절 원로원에서 행해진 논쟁에서 로마시민권 확대에 찬성하는 쪽에서 제시한 논지를 음미할 가치가 있다. 클라우디우스는 갈리아인들을 용인하자는 주장에 3가지 이유를 들었는데, 그중 하나가 "외국인을 로마 국가로 받아들이는 것은 로마의 오래된 전통"이라는 것이다. Greg Woolf, *Becoming Roman: The Origins of Provincial Civilization in Gaul* (New York, Cambridge University Press, 2000), 64면.

35 Andrew Lintot, *Imperium Romanum* (New York, Routledge, 1997), 161면.

36 Martin Goodman, *Rome and Jerusalem, The Clash of Ancient Civilizations* (New York, Random House, Vintage Books, 2008), 156~58면.

37 Brunt, 앞의 책 118면.

38 Martin Goodman, 앞의 책 157면.

39 Lintot, 앞의 책 167면.

40 이에 덧붙여, 특혜를 받은 공동체들은 원로원 칙령에 의해 "자유" 도시의 위상을 부여받았다. 같은 책 154면.

41 "원래는 여기에 로마로 이주할 수 있는 권리와 소속공동체의 시민권을 버리고 로마시민권을 획득하는 권리가 포함되어 있었다. 그러나 이미 기원전 2세기에 인구감소를 걱정했던 라틴계 사람들의 요구에 의해 이러한 특권은 일찍이 폐지되었다. 같은 책 161면.

42 Adrian N. Sherwin-White, *The Roman Citizenship* (New York, Oxford University Press, 1973), 150면.

43 Leonard A. Curchin, *The Romanization of Central Spain: Complexity, Diversity and Change in a Provincial Hinterland* (London and New York, Routledge, 2004), 123면.

44 Lintot, 앞의 책 130~31면.

45 Sherwin-White, 앞의 책 411면.

46 Brunt, 앞의 책 267~68면.

47 Martin Goodman, *Rome and Jerusalem, The Clash of Ancient Civilizations* (New York, Random House, Vintage Books, 2008), 53~54면.

48 같은 책 438~39면.

49 Benjamin Isaac, *The Limits of Empire: The Roman Army in the East* (New York, Oxford University Press, 1990), 83면.

50 "종국적으로 우리가 로마제국으로부터 배워야 하는 교훈 중 가장 중요한 것은 아마도 제국에 대한 지나친 주장을 제시해서는 안 된다는 것일 것이다. 로마의 권력은 응집력을 확보하긴 했으나, 도시, 민족국가, 더 나아가 정규헌법을 갖춘 국가들의 연맹체로서의 응집력을 확보한 것은 아니었다. 로마를 일종의 보편사회(a universal society)로서 이상화하는 경향은 아리스테이데스(Aelius Aristeides) 같은 당대의 인물들이 했던 주장에 어느정도 기인하는 것은 사실이다. 그러나 이보다는 후기 제국에서 생장해 나온, 우리가 오늘날 계승하고 있는 전통에 훨씬 더 많이 기인한다. 다시 말해 로마를 신의 왕국을 위한 길을 준비하는 것이 자신의 운명인 하나의 세계제국으로서 바라보는 기독교적 관점으로부터 발원하는 전통에 기인한다. 이러한 지각에 따르면, 콘스탄티누스(Constantinus) 집권기에 기독교세계와 로마세계는 동일 선상에 놓이게 되었고, 바로 그 사실 때문에 기독교사회가 보편사회가 되었던 것이다." Lintot, 앞의 책 193면.

51 Greg Woolf, *Becoming Roman: The Origins of Provincial Civilization in Gaul* (New York, Cambridge University Press, 2000), 68면.

52 같은 책 54~58면. 울프(Woolf)가 적절히 지적했듯이 "후마니타스라는 개념의 발달은 BC 2세기부터 200년간 그리스 문화와 접하면서 생겨난 문화적 우려에 대해 로마인들이 보인 반응의 한 부분으로 간주될 수 있다".

53 같은 책 58~60면.

54 같은 책 18면.

55 Jane Webster (1996), 11면; Patrick Le Roux (1995), 17면; Simon Keay (2001), 120면; Greg Woolf (2001), 174면; 위의 모든 자료는 Leonard A. Curchin, *The Romanization of Central Spain: Complexity, Diversity and Change in a Provincial Hinterland* (London and New York, Routledge, 2004), 8~14, 23면에서 재인용.

56 메인(Henry Maine)의 주장과는 정반대로 "영국인 문필가들 다수에 의해 묘사된" 영국에 대한 이미지는, 근대 대영제국에서 "근대 영국인과 인도인들 사이의 구분처럼, 로마인과 원주민이 서로 확연하게 구분되어 있는 일종의 속주"였다. 당대 작가의 말을 빌리자면, 5세기 "로마인의 퇴거" 이후 영국인들은 로마인들이 처음 도착했을 때의 원주민 "켈트족의 상태와 흡사"했다. Francis Haverfield, *The Romanization of Roman Britain*, 2nd ed. (Oxford at the Clarendon Press, 1912), 19면.

57 Brunt, 앞의 책 111면.

58 Benjamin Isaac, *The Limits of Empire: The Roman Army in the East* (New York, Oxford University Press, 1990), 1~2면. 아이작(Isaac)의 표현에 따르면, 구식민지 본국들이 "자신들의 사회에 다수의 구 신민들을 흡수하는" 문제에 직면하고 이로 인해 매우 큰 어려움에 부딪치게 된 것은 식민지 시대 이후의 일이었다.

59 같은 책 2면.

60 Lintot, 앞의 책 18면.

61 Woolf, 앞의 책 18면.

62 Brunt, 앞의 책 122면.

63 같은 책 133면.

3장 정착민과 원주민을 넘어서

1 Ikaweba Bunting, "The Heart of Africa, Interview with Nyerere on Anti-Colonialism," in Haroub Othman, ed., *Sites of Memory, Julius Nyerere and the Liberation Struggle of South Africa* (Zanzibar International Film Festival, 2007), 68면.

2 Sabo Bako, "Education and Adjustment in Nigeria, Conditionalisty and Resistance," in Mamadou Diouf and Mahmood Mamdani, eds., *Academic Freedom in Africa* (Dakar, Senegal, CODESRIA, 1994), 150~75면.

3 만약 우스만(Yusuf Bala Usman)이 도서관으로부터 수준 높은 학술지와 광범위한 자료를 제공받을 수 있을 뿐만 아니라 대중미디어의 관심이 집중되는 대학에 재직했다면, 아마도 세계적인 명성을 얻었을 것이 틀림없다. 슬픈 사실은 우스만의 저작들이 자국 외의 지역에서는 거의 알려져 있지 않았다는 점이다. 최소한 필자가 필자의 강단 경력 중 초기와 중기에 재직했던 동부 및 남부 아프리카 대학들에서는 그는 전혀 알려져 있지 않았다. 여기서 필자는 우스만의 핵심 역사 저술에 초점을 맞추고자 한다.

4 Yusuf Bala Usman, "The Assessment of Primary Sources, Heinrich Barth in Katsina, 1851-1854," in *Beyond Fairy Tales: Selected Historical Writings of Yusufu Bala Usman* (Zaria, Abdullahi Smith Centre for Historical Research, 2006), 1, 2~3면.

5 Usman, "The Assessment of Primary Sources, Heinrich Barth in Katsina, 1851-1854," 13~14면.

6 Usman, "History, Tradition and Reaction, The Perception of Nigerian History in the 19th and 20th Centuries," 앞의 책 1, 41, 42면.

7 같은 글.

8 Usman, "The Assessment of Primary Sources," 21~22면.

9 같은 글 21면.

10 Usman, "History, Tradition and Reaction," 21~22, 43면.

11 같은 글 63면.

12 Usman, "The Assessment of Primary Sources," 6~7면.

13 같은 글 14~15면.

14 Usman, "History, Tradition and Reaction," 42~43면.

15 같은 글 44~49면.

16 같은 글 56~57면.

17 같은 글 44면.

18 같은 글 61면.

19 Usman, "The Problem of Ethnic Categories in the Study of the His-
torical Development of the Central Sudan, A Critique of M. G. Smith
and Others," 앞의 책 1, 23~24면.

20 같은 책 31면.

21 같은 책 28면.

22 Usman, "Nations, Nation‒ States and the Future of Mankind, Some
Observations on the Historical Experience of the Formation of the
Kanawa in the 2nd Millennium A.D.," 앞의 책 29면.

23 Usman, "The Problem of Ethnic Categories," 29면.

24 같은 글 37면.

25 같은 글 31면.

26 같은 글 37면.

27 같은 글 38면.

28 Kenneth O. Dike, *Trade and Politics in the Niger Delta, 1830‒1885:
An Introduction to the Economic and Political History of Nigeria* (Oxford,
Clarendon Press), 30~31면.

29 같은 책 130면.

30 같은 책 7면; Usman, 133면 참조.

31 Usman, "Some Notes on the Three Basic Weaknesses in the Study of
African Cultural History," 앞의 책 66~67면.

32 Roland Oliver and John D. Fage, *A Short History of Africa* (New York,
1963), 44, 45, 46, 51면; Usman, "Abdullahi Smith and State Formation
in the Central Sudan, The Limitations of Kinship and the Evasions of
Fage and Oliver," 앞의 책 1, 81면에서 재인용.

33 Usman, "Abdullahi Smith and State Formation in the Central Su-
dan," 86면.

34 Abdullahi Smith, "Some Considerations Relating to the Formation of
States in Hausaland" in *A Little New Light: Selected Historical Writings
of Abdullahi Smith* (Zaria, The Abdullahi Smith Centre for Historical
Research, 1987), 1, 59~79면; Usman, "Abdullahi Smith and State For-
mation in the Central Sudan," 84면 참조.

35 Usman, "History, Tradition and Reaction," 58면.

36 출간된 학위논문 Yusuf Bala Usman, *The Transformation of Katsina, 1400-1883, The Emergence and Overthrow of the Sarauta System and the Establishment of the Emirate* (ABU Press, 1981) 참조.

37 *Appreciation* (Yusuf Bala Usman의 제자들의 논문집으로 미간행본), 21면, Usman, "History and Challenges to the Peoples and Polities of Africa in the 21st Century" (Dike Memorial Lecture, Nov. 22, 1999)를 인용하고 있음.

38 *Appreciation*, 24면, citing Usman, *The Misrepresentation of Nigeria*, 2000을 인용하고 있음.

39 Mamdani, *Citizen and Subject: Contemporary Africa and the Legacy of Late Colonialism* (Princeton, Princeton University Press, 1996) 참조.

40 이러한 논의에 대한 우스만의 참여에 대해서는 그의 제자들이 다음 과 같이 기록하고 있다. "자칭 부족의 대변자라는 사람들이 모여서 나 이지리아를 여러 민족(nationalities) 및 종족그룹(ethnic groups)의 연 합으로 재구성하려는 소위 주권국민회의를 주장하는 사람들에게는 이 강의는 청천벽력과 같은 것이었다. 그[우스만]의 주장에 따르면, 쏘잉카(Wole Soyinka) 교수를 비롯한 이 회의의 지지자들이 나이지리 아의 정치체 및 이를 구성하는 종족그룹들을 낳았고 아직도 형성해가 는 역사과정에 대해 대단히 무지할 뿐만 아니라 이러한 종족그룹이 실 제로는 서로 구분할 수 있는 경계선이 존재하지 않는다는 단순한 사 실조차 모르고 있었다. 종족그룹들은 문화·언어·영토·정체성 차원에 서 이미 서로 결합되어 있었기 때문이다." *Appreciation*, 22면, Usman, "History and Challenges to the Peoples and Polities of Africa in the 21st Century" (Dike Memorial Lecture, Nov. 22, 1999) 참조.

41 "Passing on the Tongs," excerpts from a speech by Mwalimu Julius K. Nyerere to Parliament in Dar es Salaam on July 29, 1985, in Tanzania Standard (Newspapers) Ltd., *Nyerere: 1961-1985. Passing on the Tongs*, Dar es Salaam, Tanzania Standard (Newspapers) Ltd. (1986), 52면.

42 Amir Jamal, Sophia Mustafa, Mahmood Rattansey가 그 예에 해당한다.

43 H. G. Mwakyembe, "The Parliament and the Electoral Process," in Issa G. Shivji, ed., *The State and the Working People in Tanzania*

(CODESRIA, 1986), 21~22면; (Pratt, 1960); Arnold J. Temu, "The Rise and Triumph of Nationalism," in *A History of Tanzania*, ed. Isaria N. Kimambo and Arnold J. Temu (Nairobi, East African Publishing House, 1969), 211면.

44 James Clagett Taylor, *The Political Development of Tanganyika* (Stanford University Press, 1963), 138, 159면.

45 National Archives, Accession 540, 17C, Ronald Aminzade, "The Politics of Race and Nation, Citizenship and Africanization in Tanganyika" (2001); *Political Power and Social Theory*, vol. 14 (Greenwich, CT, JAI Press)에서 재인용.

46 Hugh W. Stephens, *The Political Transformation of Tanganyika: 1920-1967* (New York, Praeger, 1968), 110면.

47 Judith Listowel, *The Making of Tanganyika* (Chatto and Windus, 1965), 378면.

48 Tanganyika National Assembly Debates (1961), 333~34, 364면, "the Politics of Race and Nation, Citizenship and Africanization in Tanganyika," *Political Power and Social Theory*에서 재인용.

49 African National Congress Press Release of 1962, National Archives, Accession 561, 17, "The Politics of Race and Nation, Citizenship and Africanization in Tanganyika," *Political Power and Social Theory* (Taylor, 1963), 194면에서 재인용; Irving Kaplan. *Tanzania: A Country Study* (Washington, D.C., American University, 1978), 72; Pratt, Cranford, *The Critical Phase in Tanzania 1945-1968* (Cambridge, Cambridge University Press, 1976), 92, 106면.

50 Judith Listowel, *The Making of Tanganyika* (Chatto and Windus, 1965), 412면.

51 Andrew Coulson, *Tanzania: A Political Economy* (Clarendon Press, 1982), 139면.

52 Mwesiga Baregu, "Political Culture and the Party State in Tanzania," *Southern Review*, vol. 9 no. 1 (October 1995), 32면.

53 *Tanganyika Standard* (May 9 and January 4, 1963).

54 *Tanganyika Standard* (January 8, 1964); Listowel 앞의 책 416~17면.

55 National Archives, Accession 561, 17; Ronald Aminzade, "The Politics of Race and Nation, Citizenship and Africanization in Tanganyika" (2001). *Political Power and Social Theory*, vol. 14 (Greenwich, CT, JAI Press)에서 재인용.

56 Annie Smyth and Adam Seftel, eds., *Tanzania: The Story of Julius Nyerere, Through the Pages of DRUM* (Kampala, Fountain Publishers Ltd., 1993), 100~02, 104~05면.

57 Julius K. Nyerere, *Freedom and Unity* (Dar es Salaam, Oxford, 1967), 70면.

58 Nyerere, *Crusade for Liberation* (Dar es Salaam, Oxford University Press, 1978), 10면.

59 Issa Shivji, *Class Struggles in Tanzania* (Dar es Salaam, Tanzania Publishing House, 1976) 참조.

60 Mwalimu Julius K. Nyerere, *The Arusha Declaration Teach-In* (Dar es Salaam, The Information Services, 1967), 1면.

61 Ikaweba Bunting, "The Heart of Africa, Interview with Nyerere on Anti-Colonialism," in Haroub Othman, ed., *Sites of Memory, Julius Nyerere and the Liberation Struggle of South Africa* (Zanzibar International Film Festival, 2007), 67면.

62 Smythe and Seftel, eds., *Tanzania: The Story of Julius Nyerere*, 146~47면.

63 같은 책 146~48면.

64 같은 책 148~49면.

65 "1972년 탄자니아의 분권화 개혁은 도(道)모델(prefectoral model)에 입각하여 시행된 비통합적 도(道) 씨스템으로 탈바꿈시키려는 매우 광범위한 시도임에 틀림없다." Goran Hyden, *No Shortcuts to Progress: African Development Management in Perspective* (Nairobi, Heinemann Educational Books, 1983), 90면.

66 "탄자니아가 다양한 여러 나라들과 우호적인 관계를 지니고 있었기 때문에, 각각의 후원단체가 각각의 지역과 '자매결연'을 맺어 지역발전계획을 진행하고 — 몇몇 경우에는 지역적인 연계가 전혀 없이도 이러한 계획이 가능했다 — 개발자금을 제공하는 것이 가능했다." Goran Hyden, *No Shortcuts to Progress: African Development Management* *in Perspective*, 91면.

67 "Passing on the Tongs," excerpts from a speech by Mwalimu Julius K. Nyerere, to Parliament in Dar es Salaam on July 29, 1985, in Tanzania Standard (Newspapers) Ltd., *Nyerere, 1961-1985*, 54면.

68 "재판부(magistracy)가 행정에서 분리되었고, 모든 치안판사(magistrates)는 공무를 시작하기 전에 일정정도의 기초적인 연수과정을 거쳐야만 했다. 좀더 많은 치안판사가 임명되었고, 모든 사람들이 쉽게 이용할 수 있도록 가능한 한도에서 충분한 숫자의 재판소가 확보되었다." John P. W. B. McAuslan and Yash P. Ghai, "Constitutional Innovation and Political Stability in Tanzania, A Preliminary Assessment," in Lionel Cliffe and John S. Saul, *Socialism in Tanzania*, vol.1, Politics (Dar es Salaam, East African Publishing House, 1972), 199면.

69 "Passing on the Tongs, excerpts from a speech by Mwalimu Julius K. Nyerere, to Parliament in Dar es Salaam on July 29, 1985, in Tanzania Standard (Newspapers) Ltd., *Nyerere, 1961-1985*, 52면.

70 Arkadi Glukhov, "The Fateful August of 1968, Hot Summer in Dar es Salaam, A Political Profile of Julius Kambarage Nyerere," Russian Academy of Sciences, Institute for African Studies, *Julius Nyerere: Humanist, Politician, Thinker*, trans. B. G. Petruk, (Dar es Salaam, Mkuki na Nyota, 2005), 46~47면.

71 Nyerere, *Crusade for Liberation* (Dar es Salaam, Oxford University Press, 1978), 11, 13면.

용어 해설

ㄱ

거버넌스(governance)   거버넌스는 "1990년대 들어와 사회적 문제의 해결에서 다양한 이해관계집단 간에 자발적으로 형성되면서 자율적으로 규제되는 네트워크를 포착하는 개념으로 등장"했다. 사회 내 다양한 기관이 자율성을 지니면서 함께 국정운영에 참여하는 변화된 통치방식을 말하며, 다양한 행위자가 통치에 참여·협력하는 점을 강조해 '협치'라고도 한다. 오늘날의 행정이 시장화·분권화·네트워크화·기업화·국제화를 지향하고 있기 때문에 기존의 행정 이외에 민간 부문과 시민사회를 포함하는 다양한 구성원 사이의 네트워크를 강조한다는 점에서 생겨난 용어다. 통치·지배라는 의미보다는 관리의 뉘앙스가 강하며, 이런 측면에서 국가·정부의 통치기구 등의 조직체를 가리키는 government와 구별된다. 이 개념은 국가나 정부 중심의 통치관에서 벗어나 사회를 관통하는 미시권력적·모세혈관적 통치를 부각시킨다는 점에서 푸꼬의 통치 개념 사이의 차이는 그리 크지 않아 보인다. 여기서는 원어 그대로 거버넌스로 번역했다. 이문수 「통치(Government), 통치성(Governmentality), 거버넌스 그리고 개인의 자유」, 『한국

거버넌스학회보』제16권 제3호, 2009.12. 참조.

게마인샤프트(Gemeinschaft)·게젤샤프트(Gesellschaft)　　독일의 사회학자 퇴니스(Ferdinand Tonnies, 1855~1936)는 사회그룹을 크게 공동체인 게마인샤프트와 사회인 게젤샤프트로 구분했다. 게마인샤프트는 공통의 감정을 기반으로 하여 상호적인 유대감이 강한 집단을 의미한다. 이에 비해 게젤샤프트는 사회를 구성하고 있는 개인의 목표에 대한 도구로서 유지되는 집단을 의미한다. 게마인샤프트의 예로는 가족이나 전통적인 농업사회의 이웃을 들 수 있다. 이에 반해 게젤샤프트로는 주식회사 혹은 근대사회의 국가가 해당한다. 본문에서는 뒤르켐이 기계적 연대와 유기적 연대의 구분과 함께 전근대사회로서의 식민지 사회와 서구의 근대사회의 구분을 가리키는 용어로 사용된다.

기계적 연대·유기적 연대　　뒤르켐이 『사회분업론』(1893)에서 제시한 사회관계에 대한 개념. 기계적 연대란 서로 유사한 동질적 개인이 몰개성적으로 관계하고 있는 상태를 말하고, 유기적 연대란 이질적 기능을 갖는 개성 있는 개개인이 분업에 기초하여 관계를 맺는 상태를 가리킨다. 전자는 구성원을 획일적으로 지배하는 집합의식이 우월하고, 후자는 개인의식이 보다 명료화됨과 동시에 유연한 상호의존 관계가 발달되어 있다. 결국 뒤르켐은 분업의 진행과 함께 진전된 사회의 변용(근대화)이 기계적 연대에서 유기적 연대로의 사회질서의 교체를 가져온다고 주장한다.

ㄴ

나세르주의(Nasserism)　　범아랍주의 및 아랍사회주의에 입각한 민족주의 이념. 이집트 2대 대통령인 나세르(Gamal Abdel Nasser)의 이름으로부터 유래했다. 나세르는 1952년 이집트에서 쿠데타를 일으켜 집권했고, 국내외 정책에서 아랍사회주의·공화주의·민족주의·반제국주의·비동맹주의를 표방했다. 나세르주의는 1950년대와 60년대 아랍세계에서 가장 강력한 정치이데올로기로 성장했다. 1956년 이집트가 수에

즈운하를 국영화하면서 초래된 위기에서 진가를 발휘했으며, 냉전시대에는 아프리카와 개발도상국의 외교정책에 영향을 미쳤다. 1967년 6일전쟁에서 아랍세력이 이스라엘에게 패배하면서 나세르는 타격을 받았고 나세르주의도 세력을 잃어갔다. 1970년 나세르의 죽음과 함께 재개되었지만, 그 계승자인 사다트(Anwar Sadat)는 본래의 의미에서 멀어져갔다.

누비아(Nubia)어　　수단과 이집트남부에서 쓰이는 언어군. 주로 나일 강변을 따라 사용되고 있으며, 수단 남부의 누바 산맥과 다르푸르에서 사용된다. 닐로-사하라 언어 계통에 속한다.

능동적 주권(active sovereignty)　　근대적 주권론은 형식적 주권론과 실질적 주권론으로 나누어볼 수 있다. 형식적 주권론은 국민을 개성을 지닌 개인으로 보지 않고, 형식적이고 추상적인 존재로 파악한다. 실질적 주권론은 형식적 주권론이 허구적이라고 비판한다. 실질적 주권론에서 국민은 국가의 의사결정을 하는 구체적인 존재다.
　　형식적 주권론의 관점에서 메인이 보기에 인도의 전통적 지배자는 입법을 하지 않았다는 의미에서 주권자가 아니었다. 대신 인도는 주권자가 아닌 관습에 의해 지배되어 왔다고 보았다. 메인은 이에 기초하여 식민지 권력은 권력의 정당화를 위해 관습 또는 전통을 활용할 필요가 있다고 생각했고, 그런 의미에서 관습을 의거한 간접지배를 주창했다. 식민지 권력은 직접지배에, 즉 강제성을 띠고 있는, 외부로부터의 입법에 의존하는 것이 아니라, 일반 대중의 관습의 강제를 활용하여 자신의 권력을 정당화할 필요가 있다는 것이다. 맘다니의 판단에 따르면, 메인은 입법의 보편주의를 주장하는 데 그친 공리주의자와는 달리 관습의 지배에 주목했고 바로 이러한 차원에서 국민을 형식적 주체로 보는 추상적 주권론이 아니라, 실질적인 주권자로 보는 능동적 주권론을 주장할 수도 있었을 것이라 추정된다.

니버(Barthold Georg Niebuhr, 1776~1831)　　독일의 역사가. 세권으로 된 『로마의 역사』(1811~32)는 괴테로부터 가져온 '발전적인 회의'(constructive skepticism)를 발전시킴으로써 역사에 대한 학문적 방법론을 구축했다. 시 혹은 신화 같은 사료를 분석하고, 무용한 자료를 버리고, 역사적 사실을 재구성하는 방법을 제시했다. 그의 사료비판 방법론은 독일 역사학의 방법론을 개척하는 데 크게 공헌했다.

ㄷ

단포디오(Shehu Usman Danfodio, 1754~1817)　이슬람 지도자이자 문인으로 소코토 칼리프국을 건국했다. 나이지리아 북부의 하우사 국가의 풀라니족 가정에서 태어났다. 수니파 말리키 율법학파와 수피즘의 일파가 그를 따랐다. 개혁적 사상으로 인해 고빌에서 추방당했고, 그후 서아프리카에서의 지하드운동을 주도했다. 종교·정부·문화·사회에 대한 책을 백여권 저술했다. 당시 아프리카 이슬람 엘리트들이 샤리아 법을 거스르고 세금을 과중하게 걷으며 탐욕과 이교도적인 삶을 사는 것을 비판했다. 여성과 남성이 동등하게 교육을 받아야 한다고 주장했고, 그의 딸들은 학자와 문인으로 활약하기도 했다. 단포디오의 저서는 여전히 널리 읽히고 있으며 나이지리아에서는 '세후'(Shehu)라는 애칭으로 부르기도 한다.

더크스(Nicholas B. Dirks)　미국의 인류학자. 남아시아 역사와 문화에 대해 연구를 했으며, 영국식민지 통치의 영향에 관심을 가졌다. 더크스는 식민지 국가가 1857년 세포이항쟁을 계기로 '세입(稅入)국가'(revenue state)에서 '민족지적 국가'(ethnographic state)로 점차 변화해갔다고 주장한다.

듀보이스(William Edward Burghardt Du Bois, 1868~1963)　미국의 흑인운동가, 저술가. 1895년 하바드대학에서 흑인 최초로 학위를 받았다. 듀보이스는 흑인들이 법적인 평등권을 신속하게 획득하고 정치적 대표권을 확대하는 것이 필요하다고 역설했다. 이를 위해 흑인에게 대학교육에 참여할 수 있는 기회가 보장되어야만 한다고 주장했다. 1900년 런던에서 열린 제1차 범아프리카회의에서 아프리카 식민지의 해방을 호소했고, 1945년 제5차 회의에서 은크루마와 함께 의장직을 맡았다.

디오프(Cheikh Anta Diop, 1923~1986)　　세네갈 태생의 역사학자, 인류
학자, 물리학자. 1951년 고대 이집트인은 흑인아프리카인이고 그들이
만들어낸 전성기 문화가 독창적 아프리카 문명이라는 가설을 전개한
박사학위논문을 빠리대학에 제출했다. 이집트와 그리스 사이의 관계
를 논박한 그의 연구는 커다란 논쟁을 불러일으켰다. 이 논쟁은 이후
'블랙 아테네' 논쟁으로 이어졌는데, 이집트가 그리스 문화에 어떤 영
향을 미쳤는가에 대한 것이었다. 디오프는 피타고라스를 비롯한 그리
스의 다수의 학자들은 수학을 배우기 위해 이집트로 유학을 왔다는 점
을 내세웠다. 디오프에 따르면 아프리카인들은 문명을 창조했을 뿐만
아니라, 매우 이른 시기에 금속 추출 및 가공 기술에 숙달해 있었고, 도
시와 행정 제도를 발전시켰다. 그러나 아메리카 대륙에 유럽인들이 도
착하고, 노예무역으로 인해 상황은 급격하게 변했다. 아프리카 문화는
식민화와 노예무역을 통해 점차 파괴되었다는 것이다. 디오프는 '아
프리카중심주의'의 창립자이기도 하다. 아프리카와 유럽 사이의 교류
는 18세기에 시작된 것이 아니라 이미 수백년 전에 시작되었고, 아프
리카 학자들이 아주 오래전부터 유럽에 존재했었다는 점은 이미 증명
된 사안이라는 것이다.

ㄹ

라고스 주(Lagos state)　　라고스 주는 나이지리아에서 경제적으로 가장
중요한 주로 나이지리아 남서부에 위치해 있다. 나이지리아의 옛 수도
이며 경제적 중심지인 라고스 시를 포함하고 있다. 14세기 말 요루바
족 어민과 수렵인들이 정착하기 시작했으며 당시에는 오코(Oko), 16
세기 말부터 19세기 중반까지 베냉왕국이 지배했을 때에는 에코(Eko)
로 불렸다. 노예무역이 본격화된 16세기 후반이 되면서 포르투갈인과
의 교역이 성장했으며, 1861년 영국이 지배하기 시작했다. 1886년에
영국총독이 파견되는 독자적 지위를 회복했으나, 1906년 남부 나이지
리아 보호국으로 병합되었다. 라고스 시는 1960년 독립 나이지리아의
수도로 지정되었다가, 1991년 아부자에 수도의 자리를 물려주었다.

라자 란지트 싱(Raja Ranjeet Singh, 1870~1839) 19세기 초반 인도의 북서 지방을 근간으로 한 시크제국의 창시자. 10세에 전투에 참가하기 시작했으며, 21세에 아프간족을 물리치고 펀자브 지방을 점령했다. 그가 정권을 잡기 전 펀자브 지방은 십여개 소국가로 분열되어 있었지만, 란지트 싱 휘하에 곧 복속되었다. 아프가니스탄 이슬람 군대의 침입을 막아내는 과정에서 영국과 우호적인 관계를 유지했다. 그의 군대에는 시크교도·힌두교도·이슬람교도·유럽인이 소속되어 있었다. 라자 잔지트 싱은 자신의 집권기에 근대화 개혁을 꾀하면서 부강한 국가를 만들기 위해 노력했다. 문화예술의 부흥을 꿈꾸면서 예전의 유적들을 재건하는 데도 후원을 아끼지 않았다. 펀자브의 사자라는 뜻을 지닌 '셰리 펀자브'로 불리기도 했다.

레날(Abbe Raynal, 1713~1796) 프랑스의 작가이자 선동가로 프랑스혁명의 지적 토대를 형성하기도 했다. 예수회 교단에서 교육을 받았지만, 파리로 가서 성직자로서의 삶을 포기하고 작가가 되었다. 주요 저작은 『두 인도의 역사』(*Histoire des deux Indes*)로 인도와 아메리카의 유럽식민지들을 다루는 6권짜리 역사서다. 식민지인에 대한 유럽의 잔인성을 비난했으며 그 원인을 종교적 불관용성과 자의적인 권력에서 찾았다. 이 책은 백과전서파 계몽철학자인 디드로가 공저자로 상당 부분을 저술했다. 특히 레날보다 좀더 급진적인 역사해석을 내놓는 부분은 디드로가 쓴 부분이다. 1772~89년 사이에 30판을 거듭할 정도로 독자의 주목을 받았으며, 판이 거듭될수록 급진적인 어조가 더 많이 가해졌다. 1774년 가톨릭에서 이를 금서목록에 포함시키기도 했다.

루가드(Frederick Lugard, 1858~1945) 1885~1945년 사이의 영국인 식민사에서 핵심적 역할을 했던 행정가. 동아프리카·서아프리카·홍콩에서 총독을 역임했다. 특히 나이지리아 총독으로 유명하다. 루가드의 정책은 원주민 국가와 추장, 법질서를 지지하는 한편 원주민 지도자들에 의한 원주민들의 노예사냥과 가혹한 처벌체제를 금지하는 것이었다. 이러한 그의 정책은 아프리카 내 영국통치의 형성에 막대한 영향을 미쳤다. 이와 함께 부족 단위의 정치체제와 새로운 민주화 및

통합운동 간에 벌어지는 격차를 줄이는 데 기여했다. 그러나 1912년
에 단행된 나이지리아 남부와 북부 지역의 통합정책에 당면해서는, 지
속적으로 이중통치체제를 선호했다.

르우베니(David Reubeni, 1490~1535?)　　16세기 유대인 탐험가. 자신이
아라비아에 있는 유대인 국가의 르우벤(Reuben) 부족의 왕자라고 주
장했다. 교황 클레멘스 7세와 포르투갈의 후앙 3세의 후원을 받아 유
대인 군대를 이끌고 팔레스타인의 투르크인과 싸우겠다는 계획을 공
공연하게 말하고 다녔다. 그의 영향을 받아 유대인계 포르투갈인인 솔
로몬 몰코(Solomon Molcho)가 유대교로 개종했으며 많은 유대인들에
게 메시아의 희망을 불러일으켰다. 르우베니는 이를 부정했지만 후앙
3세에 의해 포르투갈에서 추방되었다. 이후 이딸리아로 건너가 이미
영향력을 행사하며 메시아를 자처하고 있던 몰코와 함께 독일의 레벤
스부르크로 떠났다. 신성로마황제였던 카를로스 5세를 만나기 위함이
었다. 그러나 황제를 설득하는 것은 실패했고, 도리어 체포되어 이딸
리아 만투나로 강제이송되어 종교재판을 받았다. 몰코는 화형에 처해
졌고, 르우베니는 에스빠냐 감옥에서 몇 년 후 죽음을 맞이했다. 그의
사망년도는 정확하게 알려져 있지 않으나, 1535년 이후로 추정된다.

리슬리(Herbert Hope Risley, 1851~1911)　　영국의 관료이자 인종학자.
벵갈 지역의 부족과 카스트에 대한 방대한 연구를 했다. 1901년 영국
령 인도에서 행해진 인구 센서스에 힌두교도들 전원에게 카스트 제도
를 공식적으로 적용·조사하면서 유명해졌다. 인종학을 옹호하여
코넓이의 비율을 사용하여 인도인을 아리아인과 드라비다족으로 이
분화하고, 이를 7개 카스트로 구분했다. 벵갈에 파견된 관리로 근무하
면서 통계와 인종학을 기반으로 한 연구를 진행했고, 곧이어 인류학에
대한 관심을 넓혀 나갔으며 문헌 작업과 민속학에 그치지 않고 현지
조사와 인체측정학적인 방법을 중시했다.

리제이가트족(Rizeigat)　　수단 다르푸르 지역의 이슬람 민족. 아랍어를
사용한다. 수단 서부의 부족 중 두번째로 인구가 많다. 유목민족으로
서 목축업에 종사하며 계절에 따라 이동한다. 다르푸르 북부와 차드

에 거주하면서 낙타를 기르는 아발라(Abbala) 리제이가트와 다르푸르 동남부에 거주하면서 소를 기르는 바카라(Baqqara) 리제이가트로 나뉜다.

▫

마지 마지(Maji Maji)　　1905~07년에 독일령 동아프리카(현재 탄자니아)의 탕가니카에서 일어난 무장반란. 반란의 직접적인 계기는 토착민들에게 수출을 위한 면화를 재배하라는 독일 식민정부의 정책이었다. 1880년대 아프리카의 분할 이후 독일은 공식적인 식민지를 아프리카에 건설했다. 독일령 동아프리카 (탄자니아·르완다·부룬디·모잠비크 일부 포함), 독일령 남서아프리카(나미비아), 카메룬, 토고랜드(현재 가나와 토고로 분리) 등이다. 독일은 식민지에 통제력이 약했기 때문에 식민지인들을 폭력적인 수단으로 통제하고자 시도했다. 1898년 식민지에 인두세를 부과하기 시작했고, 도로 건설 같은 다양한 식민정부 사업에 토착민을 강제로 동원했다. 1902년에는 농촌 지역에서 상품작물인 면화를 생산하라는 식민지령을 선포했다. 각 촌락마다 면화 할당량이 지정되었고, 부족장들에게는 면화생산 감독의 임무가 내려왔다. 이에 농민들의 원성이 높아갔고, 1905년 가뭄이 들자 생존마저 위협받게 되었다. 정부의 농업 및 노동정책에 대한 반대가 거세지면서 그해 7월 독일인에 대한 공공연한 반란이 시작되었다.

마지는 스와힐리어로 물이라는 뜻이다. 반란의 주도자들은 독일인들을 몰아내고 반란 세력을 규합하는 데 요술약을 사용했다. 뱀의 신인 혼고(Hongo)의 대리자로 자처한 은그왈레(Kinjikitile Ngwale)라는 주술사가 아프리카 전사들에게 요술약이라면서 '전쟁약'을 건네면서 반란을 부추겼다. 약을 마시면 독일군의 총탄이 물로 바뀌어 맞아도 부상을 당하거나 죽지 않는다고 했던 것이다. 요술약을 믿고 용감하게 싸웠던 전사들의 희생은 10만여명에 이르렀다. 요술약은 아주까리 기름과 기장 씨앗을 섞어 만든 물에 불과했다.

마흐디(Mahdi) 체제　　1882년에 이집트와 수단은 모두 영국의 지배 아래로 들어갔다. 이에 수단의 무슬림 지도자 무함마드 아마드(Muhammad Ahmad, 1844~85)의 지도하에 수단 영토에서 외국 세력을 몰아내고 순수 이슬람제국을 건설하려는 조직적이고 강력한 저항이 일어났다. 무함마드 아마드는 1881년 자신을 구세주(마흐디)라고 자칭하면서 터키인·이집트인·유럽인에 대한 성전(聖戰, 지하드)을 선언했다. 그는 혁명의 원동력을 수단 민중의 의식 개혁과 이슬람 신앙에서 찾았다. 샤리아를 국가의 유일한 법으로 규정했으며, 순수한 이슬람을 타락시키는 술·도박·서양음식 등을 배척했다. 노예와 주인이 같은 지위로 전투에 참여하는 등 평등주의를 강조했는데, 이 점이 특히 무슬림들로부터 큰 호응을 얻었다. 그는 1883년 이집트 군을 격파했으며, 1885년에는 하르툼에서 수단 총독 고든을 쓰러뜨렸다. 이 전투에서 영국군과 이집트 동맹군은 패전했고, 영국군은 수단으로부터 철군했다. 무함다드 아마드는 그 해에 죽었으나 마흐디 세력은 1898년 키치나의 영국군에 의하여 토벌될 때까지 약 10년간 수단을 지배했다.

말레이 신경제정책   1971년 국가운영위원회(National Operation Council)가 표방한 사회통합 및 인종정책. 이후 20년간 지속되었으며, 1991년 국가발전정책으로 계승되었다. 빈부격차 해소와 경제의 재구조화가 목표였다. 당시 말레이시아 경제의 소유구조는 부미푸테라가 2.4퍼센트인 데 반해 중국계 말레이시아인이 63퍼센트를 차지하고 있었다. 이를 각각 30퍼센트로 동등하게 맞추는 것을 목표로 설정했고, 더불어 경제적 성장을 꾀했다. 성장을 통해 민족 간 소유비율을 맞춰가는 것을 목표로 삼았던 것이다. 1975년에는 대규모 제조업과 에너지집중산업을 육성하기 위한 인센티브를 제시했다. 이에 따라 중공업 분야를 키우고 수출산업을 장려했다.

말레이 인민군(Malayan People's Aniti-Japanese Army)   일본군이 말레이를 점령한 1942~45년에 일본군에 저항했던 게릴라 부대. 중국인 게릴라군으로 주로 구성되었으며, 말레이 반도에서 일본에 대항하는 조직 중 가장 규모가 컸다. 말레이 공산당, 영국 식민정부, 그밖의 다양한 반일 세력을 규합하여 일본군의 점령에 대항했다. 말레이 공산당과 독립된 조직이지만 군의 지도부가 공산당으로 주로 구성되었기 때문에 공산당 산하의 군조직으로 간주된다. 말레이 비상사태 당시 말레이 인민군 중 다수가 공산당에 가입했다.

말레이 인종폭동　1969년 5월 13일에 쿠알라룸푸르에서 일어난 중국계 말레이시아인들에 대한 폭력 사태. 빈곤율이 높았던 말레이 토착민족은 오랫동안 중국계 말레이시아인과 갈등을 겪어왔다. 1964년 모든 말레이시아인의 평등을 요구했던 야당인 국민행동당이 총선에서 여당인 동맹당의 입지를 흔들어놓자, 야당 세력이 강했던 싱가포르는 말레이시아로부터 독립했다. 이러한 민족 간의 갈등은 1969년 말레이 총선에서 야당과 여당에 승리를 거두게 되자 민족 간의 폭력사태로 발전했다. 야당 지지 세력은 주로 중국계 말레이시아인이었는데, 이들이 승리를 축하하기 위해 거리로 나오면서 여당의 지지 세력인 토착민족들과 무력이 발생했다. 당시 희생자가 600여명에 달했는데 대부분은 중국계 말레이시아인이었다. 그 결과 국가비상사태가 선포되고 말레이시아 정부는 의회를 폐쇄했다. 1971년까지 임시정부인 국가운영위원회가 수립되어 사태를 수습하고, 신경제정책을 표방하며 정국의 변화를 꾀했다.

맘루크(Mamluk)왕조　맘루크(Mamluk)는 이슬람교로 개종한 노예부대다. 아랍어로 소유된 자, 즉 피소유자라는 뜻이다. 무슬림의 칼리파와 아이유브 왕조의 술탄을 위한 근위병 부대로 활용되었다. 9세기 아바시드조 8대 칼리파 무타심(Muʿtasim, 재위 833~42)이 맘루크 제도를 도입했다. 세월이 흐르자 이들 맘루크 집단은 서서히 칼리파의 선출과 폐위에 관여하기 시작했고, 소요·암살·매관매직 등 다양한 부정부패의 원인이 되기도 했다. 서서히 칼리파의 권위는 추락하고 실질 권력은 군사령관에게 집중하게 되었다. 이로써 중앙집권체제가 약화되어 아바시드 왕조는 쇠퇴하기 시작했다. 13세기 초 킵차크한국이 서서히 쇠퇴하면서, 킵차크의 많은 젊은이가 인근 국가에 용병으로 팔려나갔다. 1250년 투르크계와 투르크화(化)된 카프카스 출신의 맘루크 용병 장군 이주틴 아이벡은 이집트 지역에서 정권을 탈취하여 아이유브 왕조를 멸망시키고 맘루크 왕조를 수립하기도 했다. 특히 시나이반도 아인잘루트 전투(1260)의 승리를 통해 몽고제국의 서쪽으로의 팽창을 저지했다. 아인잘루트 전투에서 승리를 거두고 술탄이 된 바이바르스는 투르크 출신으로 알려져 있으며, 실질적으로 맘루크 왕조를 건설한 것으로 알려졌다. 특히 그는 아바시드 왕조의 칼리프를 무력화하기도 했다. 투르크 출신의 맘루크는 체르케스 맘루크가 등장할 때까지 이집트에 투르크 문화를 전파했다. 16세기에 오스만투르크에 맞서 독립투쟁을 벌이다 쇠락을 맞이했다.

매콜리(Thomas Babington Macaulay, 1800~50)　　영국의 역사학자이자 휘그당 소속 정치가. 1834~38년에 인도관할위원회 위원을 역임했다. 인도교육에 영어와 서구식 개념을 도입하는 데 핵심 역할을 담당했다. 인도의 공식언어로 페르시아어 대신 영어를 보급하고, 영어로 교육하는 교사를 양성하고 학교에서 사용하는 공식언어를 영어로 교체했다. 그는 세계를 문명화된 민족과 야만민족으로 구분하고 영국을 최고의 문명국가로 간주했다. "산스크리트어로 작성된 책에서 얻는 역사정보는 영국 고등학교에서 사용하는 학습서보다 가치가 떨어진다"라고 공공연하게 주장했다. 자유주의 개념에 입각한 진보사상을 옹호했고, 영국의 문화와 전통을 이상화하면서 급진주의에 반대했다.

맥마이클(Harold MacMichael, 1882~1969)　　영국의 식민지관리. 캠브리지대학 졸업 후 공무원이 된 후 수단에서 근무했다. 1937년 탕가니카 총독으로 임명되었다. 1938년 팔레스타인 지역의 총지휘관으로 임명되어 근무하는 도중, 유대인을 추방하여 난민들이 탔던 MV struma 호가 침몰하여 780여명의 희생자를 냈다. 이로 인해 1942년 유대인으로부터 암살 공격 대상이 되기도 했다. 말타 총사령관을 겸직했다.

메인(Sir Henry James Sumner Maine, 1822~1888)　　영국의 법률가이자 법리학자. 비교법·원시법·법인류학을 연구했다. 캠브리지대학 법학과 교수 시절에 법률가협회(Inns of Court)에서 로마법에 대해 강의했다. 이때의 강의록을 토대로 하여 *Ancient Law: Its Connection with the Early History of Society, and Its Relation to Modern Ideas*(1861)를 출간했다. 이 책은 정치이론 및 인류학 분야에 큰 영향을 미쳤다. 원시법에 대한 그의 관점은 논란의 대상이 되었지만, 역사학에 기반을 둔 비교법학 발전에 공헌했다.

몰리-민토 개혁(Morley-Minto reform)　　　1909년 실행된 영국의 인도통치 개혁. 구체적으로 인도 제국의회와 지역의회를 선거로 구성하는 방안이다. 재산이 있고 교육을 받은 소수의 인도인에게만 투표권이 제한되었지만, 1910년에 선출된 인도의회 의원 수는 135명에 달했다.

1906년 인도의 무슬림연맹은 인도 총독 민토 경을 만나 무슬림을 위한 분리선거를 요구했다. 제국의 방어를 위해 수행한 '공헌의 가치'의 관점에서 무슬림 연맹은 인구보다 많은 대표권을 요구했다. 이것이 몰리-민토 개혁의 시작이었다. 몰리-민토 개혁에서 무슬림을 위한 별도 선거구가 책정되었고, 무슬림의 인구를 초월한 대표성이 인정되었다. 무슬림 유권자의 소득 자격이 힌두교도보다 낮게 유지되었던 것이다.

이러한 '체제' 개혁은 분리 선거구라는 불순한 도구를 통해 온건파에게 혼선을 일으키고, 인도인의 단결력이 성장하는 것을 억제해 민족주의 진영을 분할하는 것이 실제 목표였다. 영국정부는 민족주의의 상승 파도에 대항하여 온건파와 무슬림을 집결시킬 의도가 있었던 것이다.

『문명사』(*Mr. Buckle's History of Civilisation*)　　　버클(Thomas Henry Buckle, 1821~65)이 쓴 역사서. 원제목은 *The History of Civilization in England*이고 1857년에 제1권이 출간되었다. 본래 14권까지 기획했지만 미완성으로 남아 있다. 버클은 대학교육을 받지 않고 독학으로 연구를 진행했으며, 책을 쓰기 위해 6년간 여러 나라를 여행했다. 이 책을 통해 그는 인류의 진보에는 일반법칙이 있음을 보여주고, 이 법칙을 스페인·스코틀랜드·미국·독일 역사를 통해 입증하려 했다. 버클은 기존의 역사가들이 여러 민족의 특성과 운명을 지배하는 법칙을 발견하여 역사과학(a science of history)을 확립하는 데 소홀했다고 비판했다. 물리적 세계를 지배하는 법칙과 마찬가지로 불변의 규칙적 법칙이 인간의 행동을 지배하고 있다는 사실이 과학, 특히 통계에 의거하여 입증된다는 것이다. 그는 특히 유럽문명과 비유럽문명의 차이는 유럽인이 자연보다 강하고 자연을 자신의 필요에 따라 정복한다는 점에서 찾았다. 유럽문명의 발전은 물리적 법칙의 영향이 지속적으로 줄어들고 그 대신 정신적 법칙의 영향이 증가한다는 점을 특징으로 한다는 것이다. 그

212

발전 과정에서 개인의 노력은 그다지 중요하지 않으며, 위대한 인물들은 그들이 속한 시대의 산물에 불과하다고 주장한다. 이러한 점에서 버클은 "과학적 역사(scientific history)의 아버지"로 간주되기도 한다.

ㅂ

바르트(Heinrich Barth, 1821~65)　독일 지리학자이자 아프리카 탐험가. 프랑스어·스페인어·이딸리아어·영어·아랍어 등의 언어에 능통했다. 튀니지와 리비아에 이르는 북아프리카 해안 지역에 대한 여행기를 출간했다(1849). 1850년 탐험가인 리처드슨(James Richardson), 지리학자이자 천문가인 오버벡(Adolf Overweg)과 함께 영국정부의 지원을 받아 트리폴리에서 출발, 사하라 사막을 건너 중앙아프리카에 이르는 지역을 탐험했다. 나이지리아 북부에서 리처드슨이 사망하자 바르트가 탐험대를 통솔했다. 1852년 오버벡도 사망했지만, 그는 말리의 팀북투에 도착했다. 그곳에서 6개월간 머무르다가 트리폴리를 경유하여 1855년 런던으로 돌아왔다. 총 탐험 경로가 1만 6,000킬로미터에 이르렀으며 니제르 강의 중심부를 처음으로 탐험한 최초의 유럽인이 되었다. 네권에 이르는 아프리카 탐험기를 출간했는데, 이 책들은 북아프리카와 중앙아프리카에 대한 인류학적·역사학적·언어학적 정보를 담고 있다.

법적 의제(legal fiction)　메인은 '의제'(fiction)라는 표현을 영국 법학자들이 익숙하게 사용하는 의미와 로마인의 fictiones라는 표현에 들어 있는 의미보다 더 넓은 의미를 갖는 것으로 사용한다고 밝히고 있다. 그는 법적 의제라는 표현을 법의 규칙은 변하지 않고 그대로지만, 그것의 작용이 수정되는 변용과정을 겪었다는 사실을 감추려는 가정을 가리키는 것으로 규정했다. (메인의 『고대법』 23~24면 참조.)

베냉(Benin)　아프리카 서부 기니만에 면한 나라. 1851년 프랑스 보호령이 되었고, 1892년 프랑스에 의해 다호메이 식민지로 건설되었다가, 1904년 프랑스령 서아프리카로 편입되었다. 1960년 다호메이

(Dahomey)로 독립했고, 1975년에 지금의 국명으로 바꾸었다.

베르크(Jacques Berque, 1910~95)　　프랑스 출신 이슬람 전문학자이자 사회학자. 알제리와 모로코의 탈식민지화를 주로 연구했다.

베자(Beja)어　　아프리카-아시아 언어로 홍해의 서아프리카 해안가에 거주하는 베자족이 사용하는 언어다. 베자어를 사용하는 사람들은 이집트·수단·에리트레아에 거주하고 있으며 적어도 백만명이 넘을 것으로 추정된다.

보통법(English common law)　　영국의 관습법을 말한다. 영국은 중세부터 순회판사제도를 시행했는데 순회판사는 전국을 돌아다니며 재판을 하고 일정 시기에 모두 모여 판례를 교환했다. 제대로 성문법이 존재하지 않던 시기에 이 판례들은 바로 법으로 효력을 가지게 되었고, 이것이 커먼로의 시초다. 판례가 구속력을 가진다는 점에서 성문법주의를 따르는 대륙법체계와 구별된다.

볼렌호벤(Cornelis Van Vollenhoven, 1874~1933)　　네덜란드 법학자. 네덜란드령 동인도(지금의 인도네시아)의 전통적인 법체계인 아다트 법을 연구했다. 아다트가 비효율적이라는 견해를 반박했고, 아다트를 존중하여 법체계에 도입할 것을 주장했다.

부룬디 인종학살(1972)　　부룬디가 벨기에로부터 독립을 획득한 것은 1962년이지만 1965년에 최초의 선거가 시행되었다. 후투족 후보들이 선거에서 압도적인 승리를 거두었지만 부룬디 국왕은 투치족을 수상으로 임명했다. 이에 후투족이 중심이 되어 쿠데타가 일어나 국왕이 외국으로 피신했지만 결국 쿠데타는 실패로 돌아갔다. 1972년 후투족이 일부 지역에서 반란을 일으켜 공화국을 선언했다. 이와 동시에 국왕 은타레 5세(Ntare V)가 귀국했지만 암살되었다. 그후 미콤베로(Micombero) 대통령의 투치족 정부는 계엄령을 선포하고 후투족의 반란을 진압하는 과정에서 대량 인종학살을 자행했다. 후투족 중 주로 교육을 받은 사람들과 군인들이 희생되었는데, 희생자 수는 약 21만명 정도로 추정된다. 인종학살을 피하여 수십만명의 후투족 난민이 자이르, 탄자니아로 이주했다.

부미푸테라(bhumiputera)　산스크리트어로 "대지의 아들"이라는 뜻. 말레이족과 동남아시아의 토착 민족을 가리키는 용어. 1969년 토착 민족들과 중국계 말레이시아인 사이에서 민족 갈등으로 인한 폭력 사태가 일어나자 이에 대한 대응책으로 1970년대에 말레이시아 정부는 부미푸테라를 우대하는 인종정책을 채택했다. 이 정책은 도시에서 보르네오 토착민 중산층이 형성되는 데 영향을 미쳤지만, 농촌사회에 만연한 빈곤 문제를 해결하는 데는 실패했다. 일부는 이 정책으로 인해 소외된 집단, 특히 중국계와 인도계 말레이시아인들의 반감이 일어났다는 평가를 내리기도 한다.

비교법리학(comparative jurisprudence)　법률에 관한 일반적인 내용을 연구하는 jurisprudence는 과거 법리학(法理學)으로 번역되어 사용되었다. 대륙법계 특히 독일의 법철학(Rechtsphilosophie)과 대응되는 의미에서, 영미법계 특히 영국의 법리학의 영향을 받은 법철학을 일제강점기 한국에서 법리학이라 했다. J. 오스틴(1790~1859)의 분석적 법리학(analytical jurisprudence)과 H. J. 메인(1822~88)의 사회학적 법리학(sociological jurisprudence)의 영향을 받은 법철학이었다. 최근 한국에서는 법리학이라는 용어를 사용하지 않고 법철학이라는 용어를 통일적으로 사용하고 있지만, 이 책에서는 주로 메인의 법리학을 다루고 있기 때문에 법리학이라는 용어를 사용했다.

비라데리(biraderi)　거대 친족집단. 한국의 문중과 같은 역할을 한다. 특정 남성 선조를 공통의 조상을 가진 모든 남성은 아무리 먼 관계라고 하더라도 동일한 비라데리에 속한다. 여성은 아버지의 비라데리에 속하지만, 결혼 이후에는 남편의 비라데리에 포함된다. 도시에 거주해도 이러한 혈연은 출생, 결혼 및 장례 같은 문중의 대소사에 참여하거나 또는 주기적 방문을 통해 유지된다.

ㅅ

사라우타(Sarauta) · 에미라트(Emirate) · 사르키(Sarki) 나이지리아에 위치한 하우사 바쿠와이의 전통적인 정치제도를 사라우타, 이슬람화된 정치제도를 에미라트라고 부른다. 사라우타는 다우라(Daura) 도시국가 — 현재 나이지리아 북부에 소재한 카치나국 — 에서 1000년경에 발생하여 하우사 바쿠와이 7개국의 고유한 정치제도로 자라났다. 15세기 이후 이슬람화되어 에미라트, 즉 이슬람 토후국으로 교체되었다. 사라우타의 최고위직은 사르키로서 부족국가를 다스리는 왕을 의미한다. 정치·군사·사법·종교 권한을 지니고 있었으며 그 권한의 크기는 지역에 따라 다르다. 사르키는 세속되는 것이 보통이지만 때로는 부족회의를 통해서 경쟁자들 중에서 선출되거나 반란을 통해 교체되기도 했다.

『세계와 아프리카』(*The World and Africa*) 듀보이스의 저서로 1947년에 초판이 발간되었다. 세계사에서 아프리카가 했던 역할을 주제로 한 연구서다. 서구문명이 위기에 직면했다고 진단하면서, 위기의 원인을 아프리카인의 사상과 전통으로부터 멀어진 것에서 찾는다. 듀보이스는 "노예무역은 절대로 정당화될 수 없으며, 흑인이 미국 남부의 면화플랜테이션에서 했던 역할은 모두들 감탄해 마지않는 대영박물관에 소장된 베닌의 청동기 조각상만큼이나 중요한 일이었음"을 역설했다. 듀보이스는 이에 덧붙여 아프리카의 여러 나라들이 주고받았던 상호작용에 주목하여 남아프리카와 중앙아프리카가 에티오피아에 끼친 영향, 그리고 에티오피아의 문화가 이집트 문화에 미친 영향에 대하여 상세히 언급했다.

셉스톤(Theophilus Shepstone, 1817~1893) 나탈 영국식민지(현재 남아프리카)의 총독으로, 아프리카인을 대상으로 흑인과 백인을 분리하는 행정 씨스템을 고안해냈다. 이 행정 씨스템은 이후 아프리카에서의 유럽인의 행정체제의 모범이 되었다. 1877년 트랜스발 공화국을 합병했으며, 영국-줄루 전쟁(1879)을 일으키는 데 일조했다. 셉스톤은 아프리카인들에 대한 통치는 백인이주민들과 분리에 기초하여야 한다

고 주장했다. 아프리카인들을 위한 보호구역을 설정하여 소작농제도
를 계속 유지해야 한다는 것이었다. 이러한 그의 생각은 20세기 아파
르트헤이트 정책의 기본 개념이 되었지만, 당시 백인 이주민들은 아프
리카인의 땅을 탐내었기 때문에 이 정책에 반발했다. 셉스톤은 아프리
카 부족들 간의 분쟁 문제에도 적극적으로 나서 권력계승 문제에 개입
하기도 했다.

소코토(Sokoto)·사카타와(Sakkatawa)　　나이지리아 북서부에 위치한 국
가. 1804~08년 풀라니족이 일으킨 지하드에서 하우사족에게 승리
를 거두고 난 후 단포디오의 지도하에 두개의 영역으로 분할되었다.
1817년 단포디오의 죽음 이후 벨로가 뒤를 이었고 최초의 소코토 술
탄으로 등극했다. 이후 20년간 집권하면서 하우사족의 반란으로부터
풀라니족 정권을 지켜냈다. 식민지 팽창을 도모하던 영국과의 전쟁에
서 패배한 이후 1903년 영국령 북나이지리아 보호국으로 편입되었다.
벨로는 1933년 이래 소코토 사르다우나(sardauna), 즉 술탄의 직위를
계속 유지하면서 풀라니족의 정신적 지도자이자 나이지리아의 이슬
람 지도자로서의 역할을 담당했다. 1966년 이보족(Igbo)의 주도하에
일어난 소코토 술탄의 암살과 군사쿠데타는 1967~70년 나이지리아
내전의 원인이 되었다. 풀라니족과 하우사족이 주요 종족이며 대부분
무슬림이다.

스와데시(Swadeshi)　　20세기 초 인도에서 반영 민족해방운동으로 전
개된 국산품 애용 운동을 말한다. 벵갈분할령에 대한 국민저항의 표
현으로 국산품 애용 및 영국상품 배척운동으로 나타났다. 1905년 8월,
캘커타(현 콜카타) 국민회의 대표는 벵골 분리가 철회될 때까지 영국
제품을 사지 말도록 호소했다. 스와데시운동은 인도 국민의 적극적인
호응으로 벵갈 지방에서는 외제 의복을 입고 외출하는 것이 위험할 정
도였다. 또한 처음에는 벵갈 지방에만 국한되었지만, 1905년 말에는
전인도적 성격을 지님으로써 토산품의 수요는 증가하고 영국상품의
판매량은 현저히 줄어들었다.

스웨튼햄(Frank Swettenham, 1850~1946)　　말레이에 파견된 영국의 식

민지총독. 말레이반도에 대한 영국의 정책과 행정조직을 형성하는 데 큰 영향력을 발휘했다. 1882년 말레이 셀랑고르 국가의 자문으로 임명되었다. 1895년 말레이반도 주변의 국가들이 모인 말레이연합이 형성되자 총고문으로 재직했다. 1901년부터 3년간 말레이 국가의 최고위원이자 총독으로 재직했다. 말레이국가에 대한 태국의 영향력을 받아들이려는 영국의 정책이 정반대로 뒤집힌 것은 그의 노력 덕분이었다. 원주민 통치자들의 무능력한 행정 능력과 경쟁 관계에 있는 유럽국가들의 간섭에 대한 그의 경고는 1900년대 초반 영국이 말레이국가를 식민지화하는 데 기여했다.

시민법(civil law)　오늘날 대부분의 국가들은 보통법(common law)과 시민법이라는 두가지 주요한 법적 전통을 따른다. 판례에 의존하는 보통법 전통은 영국에서 부상하여 영국 식민지 국가들에게 적용되었다. 시민법 전통은 동일한 시기에 대륙 유럽에서 태동하여 유럽 제국주의 시기 식민지 국가들에게 적용되었다. 이 책에서 시민법은 식민 당국에 의해 성문화된 법을 의미하며, 피식민국가의 성문화되지 않은 관습법과 대별되는 의미에서 사용된다.

식민도시(콜로니에 coloniae)　점령지의 로마인 거주지. 초기 식민지들의 해안을 지키는 요새 도시로 300명 정도의 로마시민과 그 가족이 거주했다. 기원전 200년경까지 이딸리아의 해안가에 건설되었다. 로마인들은 주로 전함을 이용하여 해안 방위를 했기 때문에, 이러한 해안의 요새를 선호했다. 식민도시에 사는 사람들은 로마시민권을 유지했다. 기원전 177년에는 라틴인들에게 로마시민권이 개방되었고, 이에 따라 식민도시의 성격도 변했다. 기존의 방어적 목적에서 벗어나 토지를 소유하지 않은 자유인이나 퇴역군인들에게 거주지를 제공하는 목적에서 식민도시가 건설되었다. 카이사르와 아우구스투스는 이러한 식민도시를 로마 이외의 지역에 건설했고, 이는 지역의 원주민들을 로마화하는 데 일조했다. 그들 중 일부는 동화되어 로마시민권을 획득했다. 이러한 정책은 기원후 2세기까지 지속되었다.

식민지 통치성(colonial governmentality)　데이비드 스콧(David Scott)이

각인한 개념으로 그는 푸꼬의 통치성 개념을 식민지 분석에 적용시킨 바 있다. 그는 식민지 권력이 가능하게 만든 정치적 지형, 다시 말해 유럽인이 피식민지인의 삶 속으로 밀어넣은 새로운 형식의 주체성 그리고 정상성이 조직하고 생산한 것을 이해하는 새로운 방식을 제시했다.

실루크족(Shilluk)　　남수단의 부족. 말라칼(Malakal)에서 가까운 나일 강변 양안에 거주한다. 남수단에서 딩카족(Dinka)와 누어족(Nuer) 다음으로 세번째 규모의 부족이다.

실체법(substantive law)　　주법(主法)이라고도 한다. 민법·상법·형법 등이 이에 속하며 민사소송법과 형사소송법은 그에 대한 절차법이다.

쎈추 모르(Senchus Mor)　　고대 아일랜드의 판결 모음집. 고대 아일랜드의 상황에 대한 정보를 담고 있는 중요한 문헌이다.

ㅇ

아랍화(Arabization)　　비-아랍지역의 정복, 새로운 영역으로의 아랍이주민들의 이주, 비-아랍주민들에 대한 아랍의 영향력의 상승을 일컫는다. 이러한 정복과 이주를 통해 비-아랍지역 주민들은 점진적으로 아랍어를 사용하게 되었고, 아랍 문화 및 정체성을 점진적으로 수용하게 되었다. 가장 유명한 아랍화는 7세기 아랍 무슬림 정복 기간 동안 진행되었다. 이 기간 동안 아랍 부족이 대규모로 중앙아프리카 동부 및 북부를 관통하여 당시 대체로 비-아랍 및 비-무슬림이 차지하고 있던 영토로 이주해가면서 피정복 민족과 주민들 대상으로 아랍문화, 아랍어 그리고 그 결과로서 아랍정체성을 퍼트렸다.

아리스티데스(Aelius Aristides, 117~180)　　그리스 연설가로 쏘피스트 학파의 대표적인 인물. 피우스 황제와 아우렐리우스 황제 시절에 작성한 연설문 50여개가 남아 있다.

오스틴(John Austin, 1790~1859)　　영국의 법리학자. 분석법리학의 창시자이기도 하다. 그의 법리학은 독일 법철학의 영향을 받아 기본적인 여러 법적 개념을 철저하게 분석하는 것을 특색으로 한다. 오스틴은 벤섬(J. Bentham)의 공리주의적 법사상을 계승하여 '법은 주권자의 명령이다'라는 유명한 명제를 남겼다. 오스틴의 실정법은 도덕적 원칙이나 다른 근거로부터 기원할 수 있지만 그것을 주권자가 명령할 때에 비로소 법이 될 수 있다고 보았다. 이때 주권자를 정치사회 내에서 법의 창출을 허용하는 궁극적인 권력의 자리라는 의미에서 일종의 추상으로 이해한다. 즉 오스틴은 주권을 국가라는 인공인간의 인공적 영혼으로 묘사한 홉스의 이론에 의존했다. 그러나 오스틴은 벤담에 의거하여 사회계약이 아니라 현실에서의 '복종의 습관'에서 주권 개념의 사실적 근거를 찾았다. 오스틴에게 주권의 존재는 단지 정치적 사실일 뿐 정당함과 부당함의 문제가 아니었다. 요컨대 주권 개념에 필요한 모든 것은 구성원 대다수에 의한 복종의 존재다. 그와 같은 복종의 습관이 존재하지 않는 상태는 아무런 주권자가 없는 무정부 상태이거나 상이한 권위에 복종하는 집단들로 나뉘는 혁명 상태일 뿐이다. (오스틴의 주권 개념에 대해서는 이국운 「19세기 영국의 분석법학」, 『법철학연구』 2000, vol. 3. no. 2 참조.)

오요 알라핀제국(Alafinate of Oyo)　　알라핀(alafin)은 왕이라는 뜻. 오요제국은 1300년경에 발생했다. 오요시를 중심으로 하여 확산되었으며, 주변의 아프리카 부족 및 스페인, 포르투갈과의 교역을 기반으로 성장했다. 17세기 중반에서 18세기 말에 이르는 시기에 요루바국가 중 정치적으로 가장 중요한 국가로 부상하여 지배영역이 다른 요루바 국가들뿐 아니라 다호메이의 폰왕국에 이르렀다. 1888년 영국의 보호국으로 편입되면서 제국은 붕괴되었다.

외래동양인(foreign Orientals)　　1854년에 만들어진 네덜란드 정부법령(Constitutional Regulation) 제109조는 일차적으로 '지배자'와 '신민' 사이의 기본적인 법적 분리를 규정하면서, '유럽인' '원주민' '외래동양인' 사이의 구분을 시도하고 있다. 이때 외래동양인은 중국인·아랍인·일본인 등을 가리킨다.

우자마(ujamaa)·아루샤 선언(Arusha Declaration)　　우자마(ujamaa)는 스와힐리어로 대가족·형제·사회주의라는 뜻으로 1961년 탄자니아 독립 이후 니에레레 대통령이 제안한 사회·경제 발전론의 근간이 되는 개념이다. 공동체 연대에 근거한 정의로운 사회질서를 의미한다. 1967년 니에레레는 아루샤 선언을 발표하면서 아프리카 사회주의의 토대가 되는 발전모델의 필요성을 역설하면서, 인간이 인간다워지는 것은 사람들 속에서 혹은 공동체 속에서라는 것을 강조했다. 우자마를 일종의 정치경제적 개념으로 해석하면서 이를 구현하기 위하여 탕가니카 아프리카민족연합(Tanganyika African National Union, TANU)에 의한 일당정치체제, 기간산업의 국유화를 토대로 한 사회, 경제적·정치적 평등의 실현, 생산의 촌락화, 유럽문화에 대한 의존에서의 탈피를 통한 문화적 독립, 의무교육의 도입을 주장했다. 이와 함께 스와힐리어를 공용어로 사용함으로써 부족정체성을 극복하고 탄자니아 정체성을 창출하는 것이 필요하다고 했다.

이보족(Igbo)　　나이지리아 남동부에 주로 거주하는 종족으로 요루바족 및 하우사족과 더불어 나이지리아를 구성하는 3개의 큰 종족 집단 중 하나이다. 이들은 사회적으로 문화적으로 다양한 하부구역으로 나뉘어 거주하고 있다. 이들은 서로 다른 산재된 마을에 살고 있을지라도 언어는 니제르-콩고 계통의 베누-콩고어에 속하는 언어인 이보어를 사용한다. 1967년 나이지리아 독립 당시 비아프라(Biafra) 독립국을 세우려고 시도했지만 실패했다.

일본의 말레이 침략　　일본은 1941년 12월 7일(현지시간) 진주만 공격을 감행하기 직전 말레이 반도를 침략했다. 태평양전쟁의 시작을 알린 전투로 영국 인도부대와 일본군 사이에 지상전이 벌어졌다. 일본군은 영국군이 주둔한 말레이시아 북동해안의 켈라탄국 수도 코타 바루(Kota Bharu)에 공격을 감행했으며, 한달 넘게 전투가 벌어진 결과 결국 일본군이 말레이를 점령하고 영국군은 싱가포르로 후퇴했다.

자메이카 모랜트베이 반란(Morant Bay rebellion)   1865년 자메이카에서 발생한 흑인 폭동. 인종차별정책과 빈곤 문제에 항의하며 보글(Paul Bogle) 목사가 이끄는 흑인 농민 수백명이 모랜트베이 법원으로 항의 행진을 하면서 발발했다. 민병대에 의해 시위대 중 7명이 사살되자, 시위자들이 법원과 주변 건물에 불을 지르면서 저항했으며, 시위 첫날 25명이 사망했다. 이후 2일 동안 지역의 흑인 농민들이 반란에 동참하여 지역을 장악했다.

　　자메이카에서는 1833년 이래 노예제가 폐지되었지만, 해방된 흑인들은 투표세의 장벽으로 인해 투표에 참여할 수 없었다. 홍수·콜레라·천연두 등의 전염병에 이어 오랜 기간 동안 가뭄이 지속되자 곡물이 피해를 입어 흑인들의 빈곤은 심각했다. 이런 상황에서 반란이 일어나기 며칠 전, 법정진행을 방해했다는 죄로 경찰이 한 사람을 체포했고, 보글 목사에게는 체포영장이 발부되었다. 아이어(Edward John Eyre) 총독은 계엄령을 선포하고, 군대를 동원하여 반란을 진압했다. 여자들과 어린이가 포함된 무고한 희생자가 400명이 넘었고, 보글을 포함하여 300명 이상이 체포·구금됐다. 다수가 죄가 없었지만, 군법에 의거하여 재판을 받아 중형을 선고받았다. 반란의 주모자로 지목된 고든(George William Gordon)은 킹스턴에서 체포되어 모랜트베이로 이송되었고, 사형에 처해졌다. 이 폭력적인 진압은 당시 영국에서 일부는 아이어 총독의 비합헌적인 행위에 대해 항의했지만, 일부는 그의 위기대처법에 대해 칭송하는 등 논쟁이 벌어졌다.

자연적 노예(natural slaves)   아리스토텔레스는 삶의 영위를 위해서 결혼과 노예제가 필요하다고 보았다. 인간은 다른 동물 및 식물과 마찬가지로 자기 자신을 그대로 닮은 자들을 남기고자 하는 자연적 욕구를 가진다. 결혼은 이런 욕구에서 비롯되는 본능이다. 남편과 아내가 본증을 매개로 하는 관계라면, 주인과 노예 사이의 관계에서는 오직 노예에게만 필요하다고 보았다. 아리스토텔레스가 보기에 자연적 노예는 이성이 없는 존재다. 따라서 노예가 생존하기 위해서는 타인, 즉 이성을 가진 자의 인도와 지시를 필요로 한다는 것이다.

자자우(Zazzau)·자리아(Zaria)·자자가와(Zazzagawa)   제그제그(Zegzeg)
라고도 불린다. 나이지리아 북부에 위치한 카누아국의 전신. 수도는
자리아(Zaria)시다. 자자가와(Zazzagawa)는 자리아 주민을 가리킨다.
11세기에 궁구마(Gunguma) 왕이 건국했다. 하우사 바쿠와이 7개국 중
의 하나로 남단에 위치한다. 다른 국가들로부터 노예를 포획하여 카노
와 카치나에서 거래했다. 낙타 대상들이 소금을 들여와 자자우에서 노
예·직물·가죽·곡물과 교환했다. 1456년경 이슬람이 전래되었고, 16
세기 초 자자우의 왕이 이슬람으로 개종했다. 송가이국이 1512년경
자자우를 공격했다. 한때 카노와 카치나로부터 공물을 받는 강성한 국
가로 성장했으나 18세기 중반 이후에는 보르누국의 조공국이 되었다.
1804년에 단포디오와 동맹을 맺고 지하드에 참여했다. 1835년 자리아
에미라트가 성립하여 소코토 술탄의 지배하의 에미라트국이 되었다.
1899년 이래 버닌 과리(Birnin Gwari)의 공격이 가시화되었고 1901년
노예 반란이 일어나자 영국의 보호를 청원했다. 자리아는 나이지리아
에서 가장 영토가 넓은 에미라트다. 주요 작물은 담배·땅콩·사탕수수
같은 상품작물과 함께 수수·기장·콩 등의 곡물이다. 목축업을 하는 지
역도 있으며 주석 광산이 발달되어 있다. 하우사-풀라니족이 주민의
대다수를 구성한다.

자치도시(무니키피아 municipia)   처음에는 로마에 종속된 라틴 도시를,
나중에는 이딸리아 도시들을 가리켰다. 이곳 시민은 로마인과 마찬가
지로 로마에 대해 동일한 의무를 지녔다. 기원전 338년 라틴전쟁 이래
투표권이 부여된 무니키피아 시민들은 로마시민권의 모든 권리를 가
졌다. 그러나 투표권이 부여되지 않은 무니키피아 거주민은 오랫동안
완벽한 권리를 가진 로마시민과 동등하게 취급되지는 않았다. 그들은
로마의 주인들에게 봉사하고 세금을 납부했지만, 로마 공직에 대한 투
표권을 갖지 못했다. 그러나 시간이 흐르면서 완벽한 로마시민권을 획
득하게 되었다.

1858년 선언   1857년 세포이항쟁 이후 빅토리아 여왕은 인도에 대한 동인도회사의 지배를 종식하고 영국 왕실과 내각의 직접적인 지배를 선언했다.

카노 주(Kano)·카나와(Kanawa)   카노 주는 나이지리아 북부에 위치한 주로 수도는 카노이다. 카노의 주민들을 카나와(Kanawa)라고 한다. 최초의 하우사족 이슬람왕은 야지(Yaji)로 1349~85년에 재임했다. 16세기 말에는 자자우국(Zazzau)의 조공국이 되었다. 17세기 중반 이후로 교역에서 카치나국에게 밀려서 경제가 쇠퇴했다. 1804년 풀라니족 지하드 지도자인 단포디오(Usman Danfodio)의 영향 아래 하우사족에 대한 반란을 일으켜 반란군이 카노시를 점령했다. 1820년까지 서아프리카에서 가장 큰 규모의 교역 중심지로 성장했다. 특히 이 지역에서 생산된 가죽과 면화는 사하라사막을 건너 북아프리카를 경유하여 유럽 시장에 수출되었다.

카누리족(Kanuri)   나이지리아 북동부 보르누 주에 주로 거주하며 일부는 나이지리아 남동부에 거주한다. 대내교역이 발달한 상업민족으로서 유목민인 풀라니족이나 수와 아랍족(Shuwa Arab)과도 교역한다. 카누리 사회는 뚜렷한 계급으로 나뉘어져 있으며 카누리족의 정치적·종교적 수장인 세후(shehu)의 가족은 왕족이다. 종족의 대부분은 평민 계급에 속하며 영국 식민지화 전에는 노예계급도 존재했다.

카바비시족(Kabbabish)   셈족 계열의 아프리카 유목민 부족. 수단의 아랍부족 중 가장 많은 수를 차지하고 있다. 돈골라(Dongola) 지역과 다르푸르에 이르는 수단 남서부 지역에 분포한다. 아랍어를 사용한다. 1883~99년의 수단전쟁 이전에 나일 강에서 코르도판에 이르는 교역을 독점했다.

칼리파 압둘라(Khalifa Abdula, 1846~1899)   1885년 마흐디가 갑자기 사망하자 그를 계승하여 마흐디스트의 지도자가 되었다. 초기에는 샤리아 법에 입각한 법정을 갖추고 마흐디의 이념에 따라 성전을 행하는 국가로서 운영했지만, 후기에는 전통적인 방식의 행정제도를 정비했다. 내분을 줄이기 위한 방책으로 에디오피아와 이집트에 대한 공격을 감행했고, 6만에 이르는 안사르 부대를 이끌고 1887년 곤다르를 점령하여 교회를 파괴했다. 1889년 메템마 전투에서 에디오피아군을 성공적으로 물리쳤지만, 영국-이집트 연합군의 힘을 과소평가하여 결국은 이집트에서 대규모 패전을 맞이했다. 군사를 재정비해 전쟁을 준비했지만, 결국 1898년 옴두르만 전투에서 키치너 장군이 이끄는 영국-이집트 연합군에 패해, 수단을 넘겨주었다.

캐머런(Donald Cameron, 1872~1948)   영국령 기니아에서 식민지 관리로 근무하다가 1908년 나이지리아에서 근무하면서 루가드의 간접통치론으로부터 영향을 받았다. 1925년 탕가니카 2대 총독으로 부임했고, 1931~35년에 나이지리아 총독을 지냈다.

컬러드(Colored)   남아프리카 공화국을 구성하는 주민 중 네덜란드 이민과 아프리카인 등이 혼혈하여 형성된 사람들의 총칭한다. 원주민 아프리카인은 포함되지 않는다. 그들은 백인으로부터 인종차별을 받아왔다.

키스와힐리어(Kiswaahili)   스와힐리어. 반투어계에 속하는 언어로, 아랍어 단어를 다수 채용했다. 13세기부터는 아랍어로 표기되었다. 동아프리카 해안에 다수 분포해 있으며 탄자니아와 케냐에서 공식 언어로 사용된다.

키치너(Horatio Herbert Kitchener, 1850~1916)   영국 군인. 수단을 정복했고, 남아프리카 전쟁의 총사령관이었으며, 1차 대전 중에는 국무장관을 지냈다. 1886년 수단 총독으로 임명되었고 그다음 해에 이집트로 파견되었다. 1892년 이집트군의 총사령관으로 임명되어 1898

년 수단 옴두르만 전투에서 알 마흐디 세력을 섬멸했다. 1898년 파쇼다사건에서 강력한 자세를 견지하면서 프랑스와의 합의를 성공적으로 이끌면서 유명해졌다. 1899년 보어전쟁에 참전했으며 1900년 전쟁 총사령관이 되었다. 18개월간 전쟁을 치르면서 그는 보어인의 농장을 불태우고 전염병이 도는 집단수용소에 보어인 여인과 아이 들을 수용하는 잔인한 방식을 동원하여 게릴라들의 저항을 잠재웠다.

ㅌ

타리카스(tariqas)　　타리카(tariqa)는 '길'이라는 뜻의 아랍어다. 이슬람교에서 신 혹은 진실에 대한 직접적인 지식에 이르는 길을 의미한다. 9~10세기에 타리카는 수피들이 걸어가는 영혼의 길을 의미했다. 12세기 이후 셰이크(sheikh), 즉 스승을 따르는 추종자들의 공동체가 생겨나자, 종교공동체가 따라야만 하는 셰이크의 의식(ritual) 전체를 통칭하는 것으로 전환했다. 그 결과 타리카는 교단 전체를 의미하게 되었다. 각 신비주의 교단은 자신들이 예언자 모하메드의 정신적인 계승자라고 주장했고, 교단에 새로운 신도를 받아들이는 절차를 정립하고 교단의 규율을 마련했다. 셰이크의 지도하에 수피 성자의 길을 따라감으로써 수피는 신비의 경지에 도달하게 된다. 이러한 정신의 절정 상태를 추구하면서 때로는 마약을 허용하기도 하기도 하고, 때로는 울부짖고 춤을 추는 격정적인 몸짓을 취하기도 한다. 수피 혹은 데르비시 교단은 평신도나 수피들이 머무르는 수도원을 운영했다.

탕가니카 아프리카민족연합(Tanganyika African National Union, TANU)
탄자니아의 주요 정당. 1954년 니에레레의 주도로 탕가니카 아프리카연맹(Tanganyika African Association)을 모태로 하여 창당되었다. 1964년부터 탄자니아 아프리카민족연합(Tanzania African National Union)으로 개칭했다. 경제적 자립을 창출하고 부패와 착취를 종식시키는 것을 목표로 삼았으며 아프리카 사회주의의 실현을 표방한다.

통치성(governmentality)　　통치(govern)와 사고양식(mentality)의 합성어

로 볼 수 있는데, 통치가 그것의 대상과 방법에 대한 특정한 사고를 전제하고 있음을 강조하는 개념이다. 통치와 사고양식의 의미론적 연결은 통치 권력과 기술들이 그 기저에 어떤 사고양식, 정치적 이성을 기반으로 두고 있음을 암시한다. 통치는 통치가 '합리화되는' 담론적 장을 구성하는데, 이러한 담론적 장을 통해 지식은 통치해야 하는 실재에 대응하는(혹은 대응한다고 가정되는) 개념들의 윤곽을 그리며, 통치 대상과 경계를 구체화하고 통치를 위한 주장의 단서를 제시하면서 정당화한다. 즉, 지식은 권력이 실천되는 대상과 범위, 권력이 실천되는 방식과 권력의 형식, 그리고 이 모든 것들의 합리화에 영향을 미친다. 또한 통치성은 특정한 정치적 합리성에 조응하고 이를 적극적으로 실천할 수 있는 주체 형성의 과정을 드러낸다. 통치성은 지배 권력이 자신의 통치에 적합한 주체를 형성하기 위해 개인들이 따를 수 있는 윤리를 형성하고 이를 실천할 자기의 기술들과 법칙들, 담론들을 고안하는 힘으로 이해될 수 있다.

티브족(the Tiv)   나이지리아의 베누 강변에 거주하는 종족. 니제르-콩고 계열에 속하는 베누-콩고어에 속하는 언어를 사용한다. 타르(tars)라는 씨족 단위로 생활하며 부계사회를 이룬다. 부족장이 아닌 친족집단의 장이 정치적 결정을 내린다.

ㅍ

팡코르 조약(Treaty of Pangkor or Pangkor Engagement)   1874년 영국정부와 말레이 족장들 사이에 맺어진 조약. 영국이 말레이 국가를 지배하는 초석이 되었다. 페라크(Perak) 지역의 왕위 계승 분쟁을 해결하고 중국인 비밀조직과의 전쟁을 종식시키기 위해 영국인·말레이인·중국인들이 모여서 회담을 개최했다. 그 결과 압둘라(Raja Abdullah)가 페라크 왕위를 계승하고, 영국이 지지하는 대가로 궁정에 영국인 고문을 허용했다. 이후 비슷한 조약들이 다른 말레이 국가들과도 체결되어 결국 1914년 말레이반도 전체가 영국에 의해 실질적인 지배를 받게 되었다.

푸르족(Fur) 　수단 서부의 다르푸르 지역에서 인구수가 가장 많은 부족. 16세기에 나일 강 주변에서 강력한 소왕국들을 형성했으나 아랍인이 침략하면서 북부 산지로 밀려났다. 16세기 말에 아랍화되어 의복과 이름을 아랍식으로 바꾸었다. 대부분은 수니파 이슬람교에 속하며 아직까지도 아랍어를 사용하는 사람들이 많다. 다르푸르는 '푸르족의 고향'이라는 뜻이다. 다르푸르 술탄왕국은 1916년까지 지속되었다.

푸카라(fuqara) 　파키라(faqir)라고도 하며, '가난한 사람'이라는 뜻이다. 금욕을 실천하는 이슬람 신비주의자인 수피(Sufi)들이 대개 가난한 삶을 살았던 것에서 유래한다. 수피의 용어로는 신을 구하는 사람들, 즉 성자를 의미한다. 수피 지도자, 수피의 길을 실천하는 사람, 혹은 방랑하는 수피를 가리키기도 한다. 이들은 역사적으로 이슬람교를 전파하는 선교자의 역할을 했다.

푼지(Funj) 술탄왕국 　1500년경 수단의 나일 계곡 북부 지역을 통일했던 술탄왕국. 푼지족은 수단의 정치적 전통을 이어받고 중세 기독교 지역인 누비아에서 전래되는 모계 친족제도를 중심으로 하여 사회를 운영했다. 이는 수단 북부 지역에서 아랍화와 이슬람화가 진행되었던 것과는 구별된다. 주변 국가들과 활발한 교역을 벌였으며, 18세기 말에는 중산층이 성장하여 도시 중심의 화폐경제가 성립했다. 18세기까지 술탄에 대항하는 지역의 반란이 종종 일어났으며 때로는 지역의 군사 세력들에게 지배당하기도 했다. 1820년 푼지 술탄왕국의 잔재 세력은 이집트로 파견된 오스만 군인 무하마드 알리의 군대에게 패했다.

ㅎ

하마지(Hamaj) 　아랍화 이전, 푼지 술탄왕국 이전에 센나르(Sennar or Sinnar) 남쪽과 에디오피아 국경 지대 근처에 위치한 청나일(Blue Nile) 지역에 거주한 수단어를 사용하는 부족. 18세기 푼지 술탄왕국 시대에 중요한 정치 및 군사 세력으로 떠올랐다. 하마지 부족은 1761년에 왕을 추대하는 배후 세력으로 성장했고, 수상격인 와지르(wazir)를 맡아 미약한 왕을 대신해 정치를 좌지우지했다. 그후 내전이 계속되어 술탄왕국의 와해는 지속되었다. 마지막 하마지 수상은 1821년 터키-이집트군의 정복이 이루어지는 동안 처형되었다.

하베(Habe) 나이지리아 북동부에 위치한 데바 하베(Deba Habe)를 지칭한다. 1810년 곰베(Gombe)의 풀라니족 에미르 예로(Buba Yero)가 점령한 이후 곰베 지역에서 가장 큰 도시 중 하나로, 풀라니족·하우사족·테라족(Tera)·탄게일족(Tangale)이 만나는 지점이다.

하지(haj) 매년 가을에 메카로 향하는 이슬람 성지순례. 이슬람교도는 일생동안 한번 이상 하지에 참가해야만 한다. 시기는 이슬람 달력의 마지막 달에 행해지는데 대개 9~10월에 해당한다.

후투족(Hutu) 바후투(Bahutu) 혹은 와후투(Wahutu)로도 불린다. 반투어계 종족으로 르완다와 부룬디에 거주한다. 두 나라에서 다수를 차지하지만, 전통적으로 투치족의 지배를 받아왔다. 투치족이 14, 15세기 이후 점차적으로 후투족을 지배했다. 1959~61년 르완다에서 후투족이 투치족을 추방하고 정부를 장악하기 전까지 이러한 지배는 계속되었다. 1965년 부룬디에서는 후투족의 쿠데타가 일어났지만 실패했고, 투치족이 지배하는 군사정권이 유지되었다. 두 부족 간 갈등관계를 원인으로 한 대량학살과 분쟁이 종종 있어왔다. 1994년 르완다의 제노사이드에서 후투족 극단주의자들에 의해 백만명에 달하는 투치족과 후투족 온건파에 속하는 사람들이 희생되었다.

휘르흐로녜(Christiaan Snouck Hurgronje, 1857~1936) 네덜란드계 이슬람학자. 실제로는 이슬람교로 개종하지 않았지만 개종한 것처럼 행동했고, 이슬람교에 정통한 이론가로 알려졌다. 오리엔탈 문화와 문화를 연구한 학자로서 네덜란드령 동인도(현재의 인도네시아)의 식민지 정부에 원주민에 대해 자문을 했다. 아체의 현황, 네덜란드령 동인도제도에서 이슬람이 차지하는 역할, 식민지의 정치제도와 민족주의에 대한 글을 1400여편 남겼다. 아체전쟁(1873~1914) 말기인 1898~1905년에 자문으로서 활발한 자문 활동을 펼쳤다. 그는 이슬람 문화에 대한 지식을 이용하여 아체인들의 저항을 격파하고 네덜란드의 식민지 통치를 공고화하기 위해 다양한 전략을 제안했다. 그 결과 5만~10만명에 이르는 희생자와 100만명에 달하는 부상자를 초래하면서 40년간 지속되었던 전쟁을 종식시키는 데 기여했다. 아체전쟁에서의 그의 성공은 네덜란드령 동인도에서의 식민지 행정정책을 형성하는 데 영향을 미치는 결과를 낳았지만, 이를 실행하는 과정에서 실패하면서 1906년 네덜란드로 귀국했고, 그 이후에는 학문 연구에 집중했다.

역자 후기

최근 들어 푸꼬의 '통치성'(governmentality) 개념이 주목을 받고 있다. 지배의 핵심적 기제로 여겨지는 권력과 지식의 관계를 이해하는 데, 그것이 많은 유용성을 제공하기 때문이다. 마흐무드 맘다니는 이 책에서 바로 이러한 푸꼬의 통치성 개념에 기초하여 인도와 아프리카 식민지 국가의 역사를 관찰하고자 한다. 푸꼬에게는 통치성 개념에 기초하여 역사를 본다는 것이 결국 특정한 목적의 달성을 위해 인간의 행위를 특정한 방향으로 이끌려 하는 합리적 기획, 프로그램, 기술, 그리고 여러 장치들을 발명하거나, 작동시키거나, 변형시키는 과정을 본다는 의미다. 따라서 통치성은 특정한 행위패턴이나 사유구조가 국가의 특정 목표와 어떠한 방식, 전략, 기술 등으로 연결되는가와 같은 질문에 답을 해야만 하는 과제를 남겨둔다.

마흐무드 맘다니는 인도에서의 간접통치를 '식민지 통치성'(colonial governmentality)의 한 형식으로 간주한다. 그에 따르면 인도에서 새로운 '식민지 통치성'으로서 간접지배를 위한 선구적 작업을 수행한 것은 메인이었다. 메인이 간접지배를 '차이'에 대한 이해 및 관리에 관한 것으로 규정하고 간접지배라는 새로운 근대적 지배기술을 식민지국가에 처음으로 도입한 인물이라는 것이다. 인도에서는 1857년 위기의 여파 속에서 직접지배, 문명화 사명 그리고 식민지 엘리트를 중심으로 한 동화주의적 기획을 대신하여 간접지배가 들어섰다. 실제로 식민지권력은 간접지배하에서 원주민과 정착민 사이의 '차이'를 형성하거나 나아가 '차이'를 만들어내기 위해 노력했다. 간접지배는 동화를 목적으로 추구한 직접지배와는 달리 관습으로서 '차이'의 재생산이었던 것이다.

더 나아가 맘다니는 제국주의자들이 식민지 경영에서 간접지배라는 새로운 통치성을 끌어들이는 과정은 피식민지인의 주체성을 새롭게 주조하는 과정과 맞물려 있음을 밝힌다. 예를 들어 영국에서 통치성이 '주민'을 동질적인, 차별화되지 않은 개인들로 간주했다면, 식민지 통치성은 관습 또는 카스트의 '원초적'(primordial) 범주를 인지하고 그 위에 구축되었음을 강조한다. 직접지배가 문명화 사명을 수단으로 엘리트집단을 동화하려는 목표를 세웠다면, 간접지배의 야망은 전체 주민의 주체성을 새로 주조하는 것이라는 논지를 펼친다.

간접지배는 배제의 언어(문명인 vs. 비문명인)로부터 포섭의 언어(다원주의 및 문화적 차이)로의 변화를 내포했다. 법은 간접지배 기획의 가장 핵심적 위치를 차지했다. 맘다니가 지적하듯이, 식민지 권력은 차이를 관리하기 전에 차이에 대한 규정(define)에 착수했다. 예를 들어 인도에서 무슬림과 힌두교도는 새로운 법적 규제를 획득했고 소수집단 권리는 제도화되었다. 그로 인해 유동적인 전통적 정체성은 고정된 정치적 정체성으로 변형되었다. 이와 같은 새로운 근대적 지배 기법은 차이를 인정할 뿐만 아니라 차이를 주조하고 만들어내기까지 했다. 맘다니는 그것이 피식민지인 절대 다수를 몇몇 정치적 소수파로 효과적으로 파편화시킴으로써 국가에 의해 강제된 내적 차별씨스템을 만들어냈다고 주장한다.

이러한 정치적 기획 기제는 법, 인구조사, 역사서술이라는 세가지 도구의 효과적인 배치에 달려 있었다. 그것은 인도에서는 종교와 카스트를 토대로 정의된(defined) 주민을 만들어냈다. 맘다디는 아프리카 식민지국가에 대한 분석을 통해 식민주의자들이 인종과 종족을 구분하고 나아가 종족들을 원주민과 비원주민으로 구분하는 식으로 식민지경영을 했다는 점을 부각시킨다. 맘다디가 이 책의 제목을 규정(define)과 지배(rule)로 정한 것도 바로 식민지 권력이 식민지 주체성을 정의하는 데 심혈을 기울였다는 점에서 비롯되었다.

『규정과 지배』(*Define and Rule*)는 아프리카의 정치사, 식민지 유산 그리고 현대의 종족적-인종적 갈등의 뿌리를 이해하는 데 매우 큰 의미를 지닌다. 맘다니는 아프리카의 인종화와 종족화가 독립 후 아프리카의 민주화를 크게 방해했다는 견해를 내비친다. 이 책은 맘다니가 서문에서 이 책을 쓴 동기와 관련하여 밝히고 있듯이 독자로 하여금 세계를 아프리카 관점에서 바라보도록 유도한다. 그렇다고 이 책이 단순히 탈식민 시기 아프리카 연구에 중요한 기여를 수행하는 데에 그치는 것은 아니다.

옮긴이가 보기에 이 책의 보다 중요한 의미는 맘다니가 지배적인 서구 역사학에 대한 통찰력 있는 비판을 토대로 간접지배의 정교한 장치를 분석함으로써 그것이 인종적 편견과 객관성이란 겉치레에 기반해 있음을 들추어냈다는 점에 있다. 맘다니는 나이지리아 역사가인 우스만의 대안적 역사서술과 탄자니아 대통령 니에레레의 성공적인 국가경영의 예시를 분석하면서 이 책을 마무리 짓는다. 맘다니는 그러한 예시를 바탕으로 원주민이 규정되고 지배받는 대신, 자신을 스스로 규정하고 스스로 지배할 수 있는 급진적 가능성을 제시한다.

　독자들에게 익숙하지 않은 고유명사, 학술용어는 본문의 옮긴이 주와 이 책 후반부의 「용어 해설」로 그 뜻과 의의를 풀이했다. 이 자리를 빌려 무수한 오역의 가능성을 줄여준 창비 편집진에게 감사의 말씀을 전한다. 또한 이 책을 번역하는 동안 지지를 아끼지 않은 대구가톨릭대학교 다문화연구원 식구들에게도 감사드린다.

2017년 2월
최대희

찾아보기

마흐무드 맘다니 Mahmood Mamdani
우간다 마케레레(Makerere)대학 마케레레 사회조사연구소 소장, 미국 컬럼비아 허버트 레먼 정부학 석좌교수. 1946년 인도 뭄바이에서 태어나 우간다 캄팔라에서 자랐다. 1963년 미국 피츠버그대학에서 정치학을 배우며 당시 시민권운동에 참여했다. 1974년 하바드대학에서 '우간다의 정치와 계급 형성'이라는 주제의 논문으로 박사학위를 받았다. "아프리카의 역사를 세계사의 맥락에서 해석해내는 뛰어난 능력을 지닌 이론가"라는 평을 받는다. 주요 저서로 『구원자와 생존자: 다르푸르, 정치, 대테러전쟁』(*Saviors and Survivors: Darfur, Politics, and the War on Terror*) 『착한 무슬림, 나쁜 무슬림: 미국과 냉전 그리고 테러의 기원』(*Good Muslim, Bad Muslim: America, the Cold War, and the Roots of Terror*) 등이 있다.

최대희 崔大熙
대구가톨릭대학교 다문화연구원에서 이주사회를 연구하고 있다. 서울대학교를 졸업하고 독일 프라이부르크대학에서 역사학을 공부했다. 옮긴 책으로 『역사의 섬들』 『역사학이란 무엇인가』 외에 몇권이 있다.

규정과 지배
원주민은 어떻게 만들어지는가

초판 1쇄 발행 / 2017년 3월 8일

지은이 / 마흐무드 맘다니
옮긴이 / 최대희
펴낸이 / 강일우
책임편집 / 박대우 권현준
조판 / 신혜원
펴낸곳 / (주)창비
등록 / 1986년 8월 5일 제85호
주소 / 10881 경기도 파주시 회동길 184
전화 / 031-955-3333
팩시밀리 / 영업 031-955-3399 편집 031-955-3400
홈페이지 / www.changbi.com
전자우편 / human@changbi.com

한국어판 ⓒ (주)창비 2017
ISBN 978-89-364-8609-9 93300